U0814018

丝路百城传

丝路百城传

“丝路百城传”丛书编委会和编辑部

丝路百城传

LUOYANG
THE BIOGRAPHY

京洛风华意无限

洛阳传

LUO YANG

黄婕 著

CIPG China Foreign Languages Publishing Administration 中国外文出版发行事业局

外文出版社 FOREIGN LANGUAGES PRESS

出版说明

2013 年，中国国家主席习近平向世界提出共建“一带一路”的倡议。自提出以来，“一带一路”倡议深刻影响世界，逐渐从理念转化为行动，从愿景转变为现实，建设成果丰硕，得到国际社会热烈响应。

古丝绸之路打开了各国各民族交往的窗口，书写了人类文明进步的历史篇章。新时代共建“一带一路”的实践，为沿线国家和地区相向而行、互学互鉴提供了平台，促进了不同国家和地区、不同民族、不同文化、不同文明的深入交流。

城市是人类文明的结晶。“一带一路”沿线的城市中，蕴藏着人类千年的历史、多元的文化和无尽的动人故事。我们希望通过出版“丝路百城传”，展现每座城市独一无二的历史和性格，汇聚出丰富多彩、生动可感的“一带一路”大格局，增进文化交流和文明互鉴。

这是一次前所未有的出版探索，我们虽竭尽全力，也深知有诸多不足。期待这套丛书能够得到读者的喜欢，也期待更多的读者、作者、专家、学者等各界朋友们对我们的出版工作给予指正。

“丝路百城传”丛书编辑部

我读《洛阳传》

有一条路是欧亚飘带，它是丝绸之路；有一座城是华夏之心，它是古都洛阳。

把柔软的飘带披在洛阳身上叙事的，是黄婕的《洛阳传：京洛风华意无限》（以下简称《洛阳传》）。黄婕在这本书的前言中说："洛阳与丝路的渊源太深，在相当长的时期里几乎可以说是互为表里、共同书写了彼此的历史。"这句话引起了我共鸣，这本书勾住了我的眼睛。

南宋之前，中国文化借鉴其他文明的指向，都是向西。而无论是汉明帝永平求法唤出的白马寺，还是唐僧取经唤出的"网红地"洛阳玄奘故里，无论是东周的老子从洛阳西出函关，还是东汉的班超投笔从戎去通西域，他们的西出之路都与丝绸之路伴行甚至重叠，这些历史人物或在洛阳出生，或在洛阳为官甚至做皇帝，都与洛阳有关，也与丝路有关。而所有这些人和事、路与城、驼铃与市井、帝都与战争，都被这本书囊括起来，成为《洛阳传》。

作者凭什么做到这些？我认为有三点。

第一，黄婕教授虽在河南科技大学教书，但她在日本读书的时间很长，硕士学位与博士学位都在异域获取。她审视古都洛阳的视角与我们洛阳本地学者明显不同，把洛阳看作“华夏之心”，这比通常说的“天下之中”更具文化张力，算是抓住了历史的心跳。她的这种新识，早在2020年秋她的《华夏之心》新书发布会时已经受到肯定，并引起重视。2022年2月，黄婕联系我，请我看看她的新作《洛阳传》。仅仅一年余，她再出一本书，此需多少心力？我便认真阅读，得出了一个结论，她不是“读史向隅只认墙，关起城门说洛阳”的那种作者，而是把洛阳与外界联系起来研究并写作的人。

第二，纪传体发轫于写人物，如今流变到可以写城市，但无论写人或是写城，一般人的思维都是纵写，即按时间轴线梳理人或城的“家世谱系”，但黄婕在本书的写法上有创新，结构上用“块式”，这样一来就很灵活，谋篇布局时，或融着写，或拆分写，都很方便，也便于读者归类认知。

第三，看得出，黄婕自撰前言里有清晰的写作指向：“丝绸之路最大的意义，在于这条路的出现让文明和文化都不再孤立，本质上相当于提前了几千年的‘全球化’概念。数千里之外的地方能被某种关联维系起来。”这几句话，显示了作者具有凌云高致之视野，确立了洛阳城与丝绸路“互为表里”“关联维系”的写作原则。所以，《洛阳传》不仅写了洛阳对世界的影响，也写了丝路文化对洛阳文化的补给，甚至写到她在厨房里使用菠菜、洋葱等食材时，都不由自主地想到了丝路，这种关联表面看很遥远，其实又很贴近，真实而自然。

写《洛阳传》，黄婕有底气。因为在北宋之前，中国都城的选址，很像是历史的钟摆，叮当叮当，左右摇晃，不是在长安，就是在洛阳，此即典籍里常常见到的“两京”，完全是标配的“姊妹都城”。长安与洛阳各是“丝路百城”中的一员，又各是西汉、东汉丝路的东方起点，所以我断定在这套“丝路百城传”里，《洛阳传》和《西安传》分量都是很重的。

从《洛阳传》里，我看出洛阳有“两个系统的互为表里”，一个是与丝路互为表里，一个是与华夏文明互为表里：作者写夏都二里头、写洛阳是最早的中国；写周公营造洛邑并“制礼作乐”；写孔子入周问礼并构建儒学；写东汉洛阳太学并两汉礼制之美；写魏晋洛阳玄学并衣冠南渡民族融合；写北魏孝文帝迁都洛阳并积极汉化；写大运河里的隋都洛阳与唐诗中的神都繁华；写宋代洛阳二程理学的兴起；写李格非《洛阳名园记》并欧阳修的洛阳诗；写明清时期洗去铅华的洛阳；写民国时期城周仅9华里的蕞尔老城；写新中国建立后洛阳的大厂矿、大新区、大发展、大希望……洛阳的历史景观与当代肖像，其实都在这本《洛阳传》里了。

是的，把丝路与城市关联起来写，这很好！路是城的腿，城是路的身。丝路就是洛阳、长安以及“丝路百城”的腿，走出中原、走到西域、走到罗马，走出了世界史；而洛阳、长安以及“丝路百城”就是丝路的身，一座座城市敞开襟怀，拥抱着丝路花雨，这就是“丝路百城传”丛书与《洛阳传》的价值吧。

——孙钦良（洛阳著名文化学者）

洛阳传

LUOYANG

黄婕

前 言

世上本没有路，走的人多了，也便成了路。敞阔大道、阡陌小径，纵横交错的无数条道路中，丝绸之路应该是最著名的那一条。

这个名字自带浪漫主义色彩，让人们联想起络绎喧嚣的商贾闹市、大漠孤舟的商旅驼铃，还有“丝路花雨”中惊艳的飞天造型。就连中小学生也能熟练背诵：“丝绸之路是指起始于古代中国，连接亚洲、非洲和欧洲的古代陆上商业贸易路线……”

然而，除了这些碎片式的印象之外，现代人很少真正了解这是怎样的一条路。我们很难清晰地回答这条路源自哪里、通向何处，也不知道路上具体曾有过哪些人、什么样的风景，甚至从未想过沿途究竟发生过怎样的故事。最关键的是，一条能够绵亘万里、延续千年的路，究竟是如何形成，又受到什么力量的驱动而演变？这个原本最该思考的问题，也被琐碎的生活淹没了。

而寻找和思索这些问题的答案，应该就是近年来中国外文局致力于推出大型城市传记丛书“丝路百城传”的立意所在。一本一本品读丝路城市的前生今世，一座一座珍珠般镶嵌在丝路沿线的城市，犹如在日常生活中打开一颗洋葱——这种再普通不过的食材——恰巧它也是由使者从西域沿着丝绸之路辗转带来的物种。一重一重开启、一层一层深入，答案似乎没有尽头，总还有什么等待你来拆解和剥离，这个过程就是你的收获。

大美洛阳（李红甫 摄）

事实上，丝绸之路只有基本的移动范围而没有准确的路线图，时间也不局限于德国地质地理学家李希霍芬在1877年所定义的那样从公元前114年至公元127年间。其后的一千多年里，众多商旅、思想、物种甚至军事征服都沿着这条古老商道行进，直至今日都不曾中断。

丝绸之路是属于世界的，从来不专属于某个国家、区域或者民族，只是串联起这条路线上的城邦、小镇和人群聚居点，早已超越“路”的实际含义而成为一个长期存在的文化现象。因此，彼得·弗兰科潘（Peter Frankopan）在《丝绸之路：一部全新的世界史》（浙江大学出版社，2016）中说“丝绸之路是一段漫长而又复杂的世界史，文明在这条路上艰难相遇”，而米华健（James Millward）则在《牛津通识读本：丝绸之路》（译林出版社，2017）中以“丝绸之路或许是一个幻想，但我们依然渴望踏上那段征程”作为结尾。

丝绸之路最大的意义在于，这条路的出现让文明和文化都不再孤立，本质上相当于提前了几千年的“全球化”概念。数千里之外的地方能被某种关联维系起来，如彼得·弗兰科潘所写的那样：“马德里和里斯本做出的决策能影响到几千英里以外的世界，如同当年从阿拔斯的巴格达、中国唐朝的洛阳、蒙古首都哈喇和林或中亚撒马尔罕发出的号令一样”，意味着所有事物都存在千丝万缕的共振和蝴蝶效应。

因此，目前出现的有影响力的丝路研究著作几乎都是从宏大区域视野去纵观丝绸之路。相比这种纵横千里的壮阔，“丝路百城传”的优势在于专注——聚焦丝绸路上的一个个定点，为一城一区立传。当年正是这些沿途市镇小城体现各个地域、国家、民族、城市的多样性，才塑造了丝绸之路的伟大。每座城市今日呈现之面貌都缘于历史的长期塑造，既有社会、政治、经济、习俗等外部成因，也是其独一无二的个性化特质使然。以城为单位逐个立传，时间颗粒度的设置可以更细微，从而更深沉地观察和叙述这个城市与丝路的关联和相互影响。

丝绸之路这条著名的商路不只是文明的交流和商贸的拓展，不同时代中也伴随着贪婪野蛮和军事扩张。保持漫漫丝绸长路上的祥和顺畅是极其艰难的，商贸往来、文化交流、相关区域人群的迁徙以及文明的相遇，常常以冲突和战乱的方式呈现。尽管如此，这条路虽时有断续，却从未终绝。它经过的地域，有因此路的兴起繁盛而诞生的集市要寨，也有因此路的荒废消亡而湮灭的古国小城。更多的沿线城市则通过这条路的文化传播与文明互动，内核更加丰盈、生命历久弥坚，东汉时期的丝路起点洛阳就是一座因丝绸之路而大放异彩的古都。

洛阳与丝路的渊源太深，在相当长的时期里几乎可以说是互为表里、共同书写了彼此的历史。地处洛阳盆地的河洛地区四围山河拱戴，原本长期处于一个半封闭的地理空间内，有相对稳定而持续的政权根基和文化传统。丝绸之路的形成打破了这种封闭，班超通西域，实质上是中原王朝认识未知世界的一种努力。光武中兴后，我们主动选择了与域外世界建立联系——横跨亚欧大陆的交流通道缓缓打开了大门。

自汉朝起，以洛阳为中心，中原地区的丝绸等物品，包括纺织技术，都通过这条路向西输送，有考古证据表明罗马的贵族也使用了丝织品。国家通过丝绸之路获取西域优良的战马品种，中原民众则得到众多瓜果蔬菜及干果类植物品种，并学会了种植。佛教等外来宗教借助丝绸之路从历史长河中缓缓渡来，最早扎根于洛阳。随佛教经典与思想而来的，还有中亚的雕塑、建筑、美术等技术和艺术。这些外来文化与中原本土的儒、道文化产生刺激和融合效应，最初也许只是不动声色的细微变化，日后却影响了中华文明的进程。

“兼容并蓄”之所以成为洛阳文化、中原文化，乃至中国文化的基本特征，很大程度上来自丝绸之路带来的商贸和战争。交互商贸提供以文明的方式了解彼此的机会，而战争冲突则强行促使文化接受与融合。作为丝绸之路东端起点，洛阳比其他城市更早地见证丝路的形成、更多地经历了伴随丝路而来的荣光与灾难。同时，面对这些冲击，这座城市或许也更深地思索了精神的救赎与归属。

为城市立传需要深厚的史学功底和贯穿古今的视野，对于像洛阳这样今日仍鲜活的古都，梳理数千年都城史的尘封往事尤为不易。好在，除众多史书记载以外，还有汉代京都大赋、《洛阳伽蓝记》等浓墨重彩式的鸿篇巨制；有《唐两京城坊考》《洛阳牡丹记》《洛阳名园记》等素描式的一方风物记录；有唐宋诗篇中文化士人文学性的真情流露；还有《洛阳缙绅旧闻录》《邵氏闻见录》乃至当代各种回忆录等置身其中的人们的真实记忆。洛阳从未缺少城市书写，前贤收集罗列的与丝路的关联材料也多不胜数，缺少的是抽丝剥茧的深度思考。思考洛阳作为丝路标志性城市的历史轨迹是如何与丝路产生关联，二者如何互相影响，最终又是如何作用于中华文明的，对于如今的时代有什么意义与提示……这是时代赋予我们的课题，尽管可能不是一个人、一本书所能够回答的。

第一章

空间篇：洛中佳境无限

关于古代城市风景，欧洲有标志性景观的水彩、油画，日本有街市浮世绘，而中国则以山水画为主，城市风景视觉资料相对缺失。偶有《清明上河图》之类的作品也多以长卷形式作鸟瞰，整体记录意义大于个体视觉感受。不过，幸运的是，文字弥补了画面的缺失，中国有浩如烟海的诗句文章为我们留下遥远时代城市风景的具体形象和感受。特别是洛阳城，从班固《两都赋》、张衡《两京赋》、陆机《洛阳记》、杨衒之《洛阳伽蓝记》，到李格非《洛阳名园记》、徐松《唐两京城坊考》……每个时代都不乏用文字做成的景观素描，很少有城市如此幸运。

“水暖鱼多似南国，人稀尘少胜西京。洛中佳境应无限，若欲谙知问老兄”是白居易定居洛阳以后写给弟弟的一首诗。此时的诗人，没有《卖炭翁》的愤世忧国，也没有《琵琶行》的凄凉善感，只是一个慈祥老人在与家人闲聊：“这里气候如同江南、清幽胜过长安，好地方多了去了，想知道就问你哥我啊！”小小得意与欣喜，都溢于言表。

白氏诗歌多通俗地记录风物、直白地抒发情感。乐天不愧是这座城的知己，他认为山中风景、人间闹市、名胜古迹，这些洛阳都有，但要真正体会“洛中佳境”，必须要去“问老兄”，只有了解那些景观背后的人文记忆，身临其境时才不会觉得石头只是石头、楼只是楼。

而描绘北宋园林盛景的李格非则有意凸显洛阳园林的政治意蕴，认为“园圃之废兴者，洛阳盛衰之候也。且天下之治乱候于洛阳之盛衰，而知洛阳之盛衰候于园圃之废兴而得，则《名园记》之作，余岂徒然哉”。执笔《洛阳传》的我，总是想起清代纪昀等收录《洛阳名园记》入《四库全书》时在案文中所强调的“盖追思当时贤佐名卿‘勋业盛隆，能享其乐’，非徒夸台榭池馆之美也”。即使在高清摄像技术越来越臻于极致的21世纪，用文字记录风景的意义仍然不减。

龙门山色无双

峥嵘两山门，共挹一水秀。

滩声千鼓鼙，石壁万龛宝。

——苏过《仆以事至洛》

洛城风景，有被古人选取归纳为八大景和八小景之说，“龙门山色”为诸景之首。最懂洛阳的白居易说，“洛都四野山水之胜，龙门首焉。龙门十寺观游之胜，香山首焉”。他不仅自称香山居士隐居于此，还嘱托死后也不归祖坟，葬在香山琵琶峰，用“日夜相伴、生死相依”的实际行动诠释什么叫作深情。

如今到了洛阳，无论从机场还是火车站、高铁站，都有公交车直通龙门。因为龙门山和香山二山东西夹峙，形若门阙，伊水宛如一条长龙穿门而过，所以龙门古称“伊阙”。相传这是大禹治水时劈山导河的结果，因两岸断山绝壁相对如门，又说黄河鲤鱼到此若能跳过此门即可化龙腾云而去，故曰龙门。这两座山也的确很像是被鬼斧神工之剑一分为二的，原本正式的名字叫作东山、西山，仿佛随时准备好东西合璧、合二为一似的。只不过因为香山寺和龙门石窟过于有名，东、西山就直接被称为香山和龙门山了——河洛大地处处流传着的各种创世神话与上古传说总是那么贴近现实，虚实之间亦真亦幻，连最重史实的司马光也感慨“人怜山气佳，予叹禹功美”，似乎有意肯定大禹开山之说。

龙门山色（张水利 摄）

那么“伊阙”何时升格为“龙门”了呢？东汉时傅毅就曾在赋中写道“因龙门以畅化，开伊阙以达聪”，《水经注》也记载“昔大禹疏龙门以通水”，但真正得名“龙门”还需借隋炀帝的御口。当年隋炀帝欲建都洛阳，南望伊阙问道：“此非龙门邪？自古何因不建都于此？”立刻有大臣奉承：“自古非不知，以俟陛下。”拍马屁也要有水准——自古以来不是人们不知道这里风水好、有龙脉，只是不敢妄动，就等着您呢！ 隋炀帝果然在洛阳建新都，并特意让皇宫大门与这里遥相对应，“龙门”之称实至名归。

龙门山水

龙门山色之美，在于浑然天成的自然风光。这里的山峰峦重叠却不危耸，依山起伏，四季皆美好。春时草木萌生，东岸花丛西岸柳，恬淡从容；夏时树木葱茏，一峰浅淡一峰深，翠意欲滴；秋日层林尽染，半山橙黄半山青，明净如妆；冬日枝叶萧疏，大雪覆山天地寂，静卧如眠。这里的水清澈俊秀却绝不柔媚，碧波粼粼的伊河看似平静，水面下蕴藏着澎湃激荡的能量。平时静水流深、水平如镜；从两山间奔流而过时，则力拍两岸、飞珠溅玉，展示出能一头撞开龙门山的蓬勃之力。

龙门东西两山的地下水一年四季都保持在25℃左右，无数泉水自山下石罅中涌出，千态万状，蔚为奇观。曾任洛阳丞的唐代诗人韦应物为洛阳写下不少诗篇，流连龙门时最爱山中之泉，特作《游龙门香山泉》说："山水本自佳，游人已忘虑。碧泉更幽绝，赏爱未能去。"据说当年在西山上开凿主佛为阿弥陀佛的石窟时，正是因为施工时有源源不断的泉水流出，才被命名为潜溪寺的。

龙门的多个泉眼中，由珍珠泉汇聚而成的禹王池泉水最盛，是古人为纪念大禹而建的。长8.2米，宽6.6米的大池中，无论春夏秋冬，总是清泉翻涌、绿茵浮动。21世纪初，曾有一段时间因环境问题造成龙门泉水断流，引起极大关注。好在如今环境问题基本解决，泉水早已恢复了叮咚，继续为山色平添灵动与清幽。据说大雨中的龙门西山绝壁上，石罅横裂、斜漏天光、悬瀑飞洒、状若珠帘，可惜这种奇景常人难得一见。不过，我们常有机会在雨后遥望伊水，可见龙门大桥如飞龙横卧，两侧青山则因水汽蒸发而云雾缭绕，石佛壁立朦胧，令人宛如置身仙境佛国。

十万佛龛

龙门山色之绝，在于依山而建、镶嵌在崖体上的大大小小十余万个佛像佛龛。公元493年北魏孝文帝深感国都偏于北方不利于统治而迁都洛阳，与此同时也拉开了大规模营建龙门石窟的序幕。经历近500年的修建，形成了现在密布于山崖两岸令人叹为观止的景观。石窟主要集中在西山，以唐代和北魏洞窟造像为主，还有大量作为魏碑和唐楷典范的文字碑刻。

比起寺宇中的佛像，雕造在露天崖壁上的佛像依山就势，更有一种浑然天成的浩然大气。徜徉在神圣与恢弘交织着的崖壁间，艺术朴素直观的力量直通人心，即使没有太多佛学造诣和历史知识，也总会在很多瞬间被震撼、被感动——当你气喘吁吁地攀登上长长的石阶，曾久久仰望的卢舍那巨佛群像缓缓

对望（郭元生 摄）

呈现眼前，仪表堂皇、圆满丰润，谁的心里不是充满庄重与安详呢？面对那张威严与慈悲并存、隐约似有笑意的面孔，谁不相信这冰冷的石头早已被赋予了神性与人性的灵魂呢？

龙门石窟中形态各异的石佛造像中有太多精美绝伦的艺术杰作，最难得的是，这些佛像仿佛离我们的生活并不遥远：镌刻在药方洞里的古方，至今仍在百姓的日常生活中发挥着作用；乍看阿弥陀佛似乎在竖起两指的佛教手印，让照相时只会摆出剪刀手的人们会心一笑；还有典雅婀娜、衣纹流畅的菩萨，手持净瓶的造型则让人感受到一种超越时空的慵懒生动之美，被戏称为“观音菩萨下班之后”。

龙门铺天盖地、迎面而来的石像们，或巨大或微缩，或完整或残缺，或精美或粗犷，每个参观者关注到的焦点或许不同，不必非要精通艺术或具备专业知识，只是敞开心灵就能最直观地感受到：佛本无相，是人凭着想象臆造了佛像。这些不知名的工匠虽是奉命建造，但他们怀着对神佛的虔诚，以自己的理解和艺术创作力，把那种对未知的敬畏、对神灵的崇拜和对生命的感觉都融化在龙门山的石头里了。几代匠人们耗尽毕生精力把普通石头转化为具有震慑力和治愈力的神佛，成为人们心灵的庇护。

迎接初升朝阳的宾阳三洞因其质朴厚重而让人心生敬畏；高不盈寸、数以万计的万佛洞小佛因其栩栩如生而让人赞叹。更多的是因风化腐蚀等自然因素而逐渐模糊、残缺的肢体；因盗卖、破坏等人为原因被削去头颅的残像；还有原壁被陈列在美国的博物馆、空留宾阳中洞里凿痕的“帝后礼佛图”，如同裸露着的历史伤疤，让人痛彻心扉……作为神佛的人世之身，佛像终究也逃不出世事兴废、人心贪婪！

龙门石窟是一本写在山体上的任人解读的大书，有人顶礼膜拜，希望悟出人生奥义；有人从刻字信息中解读不为人知的历史；有人根据塑像形态设计出惊艳世人的真人版舞蹈……山石做成的大小十万佛龛，精美的、残缺的，面目模糊的、立体清晰的，细细品读下去，也许会发现隐藏的天机。

千年诗情

龙门山色之韵味无穷，在于绵延千年、至今依然浓厚的风雅诗情，其渊源可以追溯到诗风炙盛的唐代。《唐诗纪事》记载武则天钟情于伊阙山水，春游龙门时别出心裁地命群臣赋诗，承诺先成好诗者赐以锦袍。本来已将锦袍赐予左史东方虬，可后来宋之问的诗更胜一筹，武后遂夺回锦袍赐之，成就诗坛一段佳话。

山明水秀的风景叠加上远离红尘的佛陀世界，最易引发诗情，巧的是李白、杜甫都曾在秋日长夜里寄宿龙门并留下佳作。白诗有“朝发汝海东，暮栖龙门中。……流恨寄伊水，盈盈焉可穷”；杜诗有“龙门横野断，驿树出城来。……相阅征途上，生涯尽几回”，“天阙象纬逼，云卧衣裳冷。欲觉闻晨钟，令人发深省”，看来身处龙门山色中，无论是浪漫的诗仙与还是沉郁的诗圣，在旷远微寒的月夜星空下面对古寺石佛，都免不了对浩瀚宇宙和短暂人生的思索。

“香山赋诗夺锦袍”的轶事让后人竞相效仿，龙门成为文人雅士赋诗作画

伊阙龙门夜色（张水利 摄）

的常聚之地。“华林霜叶红霞晚，伊水晴光碧玉秋。更接东山文酒会，始知江左未风流”便是刘禹锡与名士们以诗会友的写实。林木茂美，霜叶如晚霞一般红艳；阳光照射伊水泛出如碧玉般青绿。对着眼前如画卷般色彩明丽的秋日美景，纵情诗酒，岂不快哉！一句“始知江左未风流”，写出了一种洛阳才子特有的自负与豪情。

说起龙门的风雅诗情，最绕不开的还是香山居士白居易。好友元稹去世后，其家人坚持出巨资请白居易撰写墓志铭。“元白”情谊深长，白居易将钱悉数捐出重修香山寺为好友祈福。《香山寺二绝》中的“空门寂静老夫闲，伴鸟随云往复还。家酿满瓶书满架，半移生计入香山”，正是他晚年生活的真实写照。因慕恋泉石风月，诗人索性常住香山寺，与包括 95 岁的寺内禅师如满在内的几位老友一起号称“香山九老”。他们终日吟咏于香山寺的堂上林下，汇编 12 卷《白氏洛中集》收藏在香山寺藏经堂内。有此润泽，此地文风怎能不盛？再看龙门附近农家随手贴出的对联写着“龙门不墨千秋画，伊水无弦万

古琴”也就不足为奇了。

尽得山河之胜的龙门，秀美绝伦的山水是上天造化的恩赐，石窟艺术是千万技工匠人耗尽一生的杰作，名句佳作是无数风雅士人的文采结晶。神州大地上，光风霁月的山色处处有，但四季时光中都笼罩在佛光下，百代千古都回味在诗情中的，世上恐怕再难有第二处龙门山色了吧？

马寺钟声悠长

如果说开天辟地时就有了“龙门山色”，那么直到东汉时才响起“马寺钟声”。俗话常说“眼见为实，耳听为虚”，这一山一寺，在有色有声、一实一虚之间，凝聚了洛城景观最初的底色和韵味。

一个时代自有一个时代的特色，科技进步给当下生活带来安逸的同时，更替淘汰掉很多东西，钟声也是消失在日常生活中的事物之一。取而代之的是轰鸣作响的机器、呼啸而过的汽车、节奏欢快的广场音乐……以及媒体网络上铺天盖地的各种声音。当这些声浪如海潮般劈头盖脸地将世界淹没时，总有人会怀念万籁俱寂中的那一声长钟。

好在即便平日无暇去听晨钟暮鼓，每年最后一天的子夜时分，洛阳人的耳边会响起白马寺的钟声。白马寺方丈率众僧举行祈福法会，点灯许愿，诵经敬香，以一百零八声钟鸣迎接新年。虽然此项活动近两年因疫情原因不能进行，但很多人都和我一样，格外怀念一切准备完毕、静待钟声响起的奇特感受吧。来自五湖四海的信众、游客和市民守候在寒风中，时空好像突然凝固，人群拥挤却鸦雀无声。原本的欢乐嘈杂自动切换成肃静模式，直至沉寂中传来第一声轰鸣，人们的心才随着悠长低沉的钟声缓缓放松。

白马驮经来

有人对白马寺不以为然，说这个名字太过普通、不够幽玄，实地参观之后又觉得这里和其他寺院大同小异，乏善可陈。这或许是事实，但当你足够了解它，就会生出敬意——白马寺在佛教的地位独特，那徐来的钟声回响着的是遥远古代的梵音。

名为“白马寺”的寺院不止这一座，古代西域多有以“白马”命名的寺院，因为传说曾有一匹深夜绕塔悲鸣的白马，感动了正在毁坏佛寺的国王，因而诸寺得以保存，被命名为白马寺。而在东方，一般认为，洛阳白马寺是为了纪念白马负经让佛法落土中原。

尚不知“佛”为何物的近2000年前的东汉，白马寺缘起于一个被载入史册的迷幻梦境。汉明帝刘庄梦见头带光环的金人在宫殿庭院空中飞旋。第二天问询大臣才得知金人乃西方的佛，遂派遣使臣到西域求法。这是中土人士第一次到西天取经，也许路上也要艰难地经历九九八十一难，整整用了两年时间才终于请回天竺高僧竺法兰和摄摩腾，用白马驮着佛经到洛阳弘扬佛法。公元68年，汉明帝在洛城雍关西造寺接纳西域高僧和佛经、佛像，佛教的智慧由此生根发芽，开始在华夏大地上开枝散叶、开花结果。

以此为源头，这里的山门形制、建筑格局、佛堂佛像，甚至名称都被之后的其他佛寺模仿和延续。初看普通的白马寺，霸气地拥有“祖庭十古”：中国第一座古刹；中国第一座古塔齐云塔；始于洛阳的第一次“西天取经”；最早来华的印度僧人禅居于寺；收藏最早传入的梵文佛经《贝叶经》；最早的译经道场清凉台；由摄摩腾、竺法兰在寺里译出第一本汉文佛经《四十二章经》；由昙柯迦罗在寺里始译第一本汉文佛律《僧祇戒心》；发生第一场佛、道之争；第一个汉人和尚朱士行在此受戒。种种“最早”和“第一”，铸就了白马寺的中国佛教“祖庭”和“释源”地位，只不过经过千年岁月洗礼，这些褪去浮华的显赫都化为不事张扬的低调。过去洛阳曾被评价没有古都气派，大概就是因为有太多这种乍一看的“平淡无奇”吧。

和所有寺院一样，白马寺红墙灰瓦的山门稳重地伫立在一片豁然清新的

白马寺（李炜 摄）

开阔地上。牌坊式拱券三门洞，分别象征佛教三解脱门中的“空门”“无相门”“无愿门”，虽然反反复复经过多次重修，却是不折不扣的文物。中国后世所有佛教寺院都以此为样式，所以给人以似曾相识之感。只是普通寺庙门前大多是石狮守门，而白马寺山门外除了石狮以外，还有两匹和真马同等大小的石马分立左右。

石马头戴辔络，身置鞍鞯，正作低头负重状，正好符合“白马驮经”的形象。以前的人们还没有文物意识，常常摸着或骑上石马拍照留影，马背被蹭得黝黑发亮。虽然现在已不能触碰，但我还清晰地记得，温和驯良的石马摸起来温润平滑，让人心生欢喜。

事实上，这两匹雕工精细的石马并非白马寺原物，而是不远处一座北宋（驸马都尉魏咸信）墓前的神道石刻马。因缘际会，经由国民党元老张继等牵线搭桥和众人的努力，1935 年白马寺住持德浩法师将石马迁置于山门前。石马找到了最好的归宿，细说也将是一段精彩故事。

白马寺坐北朝南，寺宇面积约四万平方米，以元、明、清代建筑为主，汉时的台井也依稀可见。布局规整，整体坐落在南北向的同一条中轴线线上，从大门一路向前，依次排列着天王殿、大佛殿、大雄殿、接引殿、毗卢阁等。其他建筑也完全左右对称，钟楼遥望鼓楼、门头堂正面云水堂、藏经阁对着法宝阁等，连竺法兰墓也与摄摩腾墓一左一右紧贴毗卢阁。旁边就是他们译经的清凉台，这两位从西域千里迢迢来到中原弘法的印度高僧，生死不渝，永远守护着这里。

由于自古以来的皇家佛寺地位，白马寺香火素来极盛，每天从清晨起就有络绎不绝的信众前来上香。园内古树成荫、佛香缭绕，素朴的建筑掩映在绿树修竹中若隐若现，充满佛国净土的祥和。除了晨钟暮鼓和木鱼声外，伴随着僧侣们的诵经声，还有飞檐上的铃铛在清风中叮叮作响，悦耳清心，让人感受到佛祖隔着尘世的慈悲守护。

白马寺里不仅供奉佛像、长眠着佛教渊薮的中外高僧，一代名相狄仁杰之墓也在此。每座建筑、每个碑文，甚至每一棵树、一片瓦，都藏着历史和故事。从寺内向东望，第一个映入眼帘的是一座挺拔秀丽的宝塔，被当地人称作白马寺塔。

实际上这座塔有自己的名字——齐云塔，公元 69 年汉明帝敕建佛塔，“岌若岳峙，号曰齐云”。现存塔身有 13 层，高 35 米，为四方形密檐式砖塔，重修于金大定十五年（1175），是中原地区为数不多的金代建筑遗存，距今也已有 800 多年了。

齐云塔距离白马寺山门不远，所在院落被命名为齐云塔院。这里小桥流水、小道蜿蜒，是中国第一个比丘尼修道的道场。齐云塔与清凉台、腾兰墓、断文碑、夜半钟、焚经台合称“白马寺六景”，曾经可以登临，现在只能在外观望了。

写下《枫桥夜泊》的诗人张继，也曾投宿白马寺。那时，白马寺刚经历了从武则天敕修白马寺的盛极一时，到安史之乱的战火以及回纥军队的劫掠，已残破不堪。诗人没有提到钟声，听了整晚的凄凉夜雨后，留下《宿白马寺》："白马驮经事已空，断碑残刹见遗踪。萧萧茅屋秋风起，一夜雨声羁思浓。"

之后，宋太宗赵光义、明太祖朱元璋都曾敕修白马寺，大佛殿前立有嘉靖三十五年（1556）黄锦撰文的《重修古刹白马禅寺记》碑。白马寺又恢复了生机，悠长的钟声终于又回响在河洛大地上。嘉靖三十四年（1555）铸造的一口高 1.65 米、重数千斤的大铁钟至今仍保留在白马寺内。清人武攀龙的诗句"白马招提汉代传，琳宫幸未没荒烟。劳劳多少风尘梦，暮听晨钟唤觉先"，让我们知道，至少到清朝晚期，白马寺始终钟声依旧。

中州原善土，白马驮经来。
野鹤闻初磬，明霞照古台。
疏钟群冢寂，一梦万莲开。
劫乱今犹昔，焚香悟佛哀。

——老舍《白马寺诗》

这钟声应该也传到了老舍的耳中。作这首诗的 1939 年，他刚当选中华全国文艺界抗敌协会常务理事兼总务部主任，翻译的《金瓶梅》在伦敦出版，应该是人生最春风得意的时期。愿千古后的老舍先生，在钟声中进入万莲花开的梦境。

国际佛殿荟萃

比起禅寺古塔，更引起当代人注目的是近些年白马寺的新建部分。除了南广场新建的石牌坊、放生池、石拱桥可供游人流连玩赏之处，近年印度、缅甸、泰国政府相继出资在白马寺建造佛殿，使之成为全世界国际化程度最高的寺院之一。国际佛殿荟萃苑的外国寺庙和佛殿建筑均由政府间联络、外方出资，以中外正式国际合作的模式建成。建造时不仅请对应国家的佛教权威人士策划、专业人员设计，主要的装饰材料都从原产地进口而来，就连建筑工人也

白马寺国际佛殿荟萃苑（视觉中国提供）

邀请了一部分当地的能工巧匠。

同为亚洲的佛教圣地，各国佛教文化和风格却截然不同。占地最大的泰国园区是由多座建筑组成的佛殿建筑群，包括大殿、舍利塔、僧舍、凉亭、斋堂、钟楼、鼓楼等，获赠的释迦牟尼佛舍利就被安置在舍利塔上。整体风格为以白色为主色调，施以金黄色、蓝色、红色等各色彩绘，在阳光下流光溢彩。其中一尊高 7.2 米、重 8 吨的铜质镀金佛像华丽精美，尤为壮观。

印度风格佛殿主体建筑是一座土黄色的圆形穹顶建筑，是印度政府在世界上捐建的第一座佛寺。这座远看像莲花一般的建筑效仿公元前 3 世纪阿育王时期建造的窣堵婆（佛塔），是印度早期佛教艺术建筑的代表。佛殿外墙雕刻的浮雕图案是印度工匠的作品，大胆奔放的风格完全不同于中国传统的佛教式样。大殿里供奉着印度赠送的释迦牟尼坐像，阳光从顶部安装的玻璃天窗透射洒入时，仿佛一道神圣的光，让整个空间沐浴在佛光中。

缅甸佛殿四道主门及围墙完全按照曼德勒皇宫样式直接移植到白马寺，

红色喜庆，金色富丽。主体建筑以仰光瑞德贡大金塔为蓝本仿建，具有典型的缅甸风格。大金塔中央底座为一四方形的佛殿，上面是高高的金碧辉煌的塔身，远看犹如一支金光耀眼的箭头指向天宇。佛殿中面朝东南西北四个方向供奉的四尊佛像都是释迦牟尼佛，东起顺时针依次为佛陀成道相、说法相、布施相、禅定相，具有浓郁的缅甸风格。

这个项目获得各国政府和佛教界最高层人士的支持和肯定，各园区落成时，印度总统、缅甸总统、泰国副僧王、王室代表等纷纷出席祝贺，还送出包括泰国“镇国之宝”——曼谷金山寺供奉 100 多年的释迦牟尼佛舍利在内的各种重量级珍贵礼物。国际佛殿荟萃苑原汁原味的异国风格和美轮美奂的视觉体验令游人印象深刻，使白马寺成为以佛教为根基的真正国际化的寺院。

钟声传递

曾经两位印度高僧通过丝绸之路将佛法带入白马寺，佛光从这里产生，辐射了整个中国，进而跨海传入韩国和日本。如今日本出资在白马寺修建钟楼、空海铜像，印度、泰国、缅甸修建代表佛教故乡的古老佛殿，古朴的白马寺本寺与华丽的国际佛殿苑融合汇聚，交相辉映。十丈红尘万古常新，尽管这片净土也遭遇过无数荣辱毁誉和烽烟战火，然而白马寺的钟声还是顽强地持续了 1900 年。

余音绕梁的钟声向来是中国的文化时空中最具特色的声音，“马寺钟声”之所以能够进入洛阳文化沉淀的最深处，不仅因为它展现佛门的清净悠远、传递历史的沧桑厚重，还因为它蕴含着声传十里的神秘。在过去相当长的一段时期里，白马寺内宏阔浑厚的撞钟之声能乘风响彻十里开外，让洛阳老城东大街钟楼上的钟因音律一致而产生共鸣，形成“东边撞钟西边响，西边撞钟东边鸣”的洛城趣话。

虽然现在因为环境的巨变，很难再重现这种感应共鸣，但我们对此也不必过于哀婉感伤，变化是人类历史的常态，声音也折射科学技术与社会意识造成的感官和思维模式变迁。近年白马寺的佛堂后新开设了“止语茶舍”，提供

白马寺钟楼（李炜 摄）

免费的休闲、喝茶、读书等服务，唯一的要求就是“不出声”——我们已经说得太多了。

“止语”是一种禅道，口闭心沉才能听得到钟声。毕竟白马寺的钟声每天都会响起，只要我们保持倾听，就能从中体察到属于自己的微妙含义，或许是时间的流逝，或许是迷津中的顿悟，又或许是长夜里的觉醒。同样的钟声，因人而异传递着只属于你一人的辽阔心情。

关林翠柏常青

英国历史学家西蒙·沙玛在《风景与记忆》中秉持的观点是“风景首先是文化，其次才是自然，它是投射于木、水、石之上的想象建构”，这一点几乎体现在洛阳的每一处人文景观上，“关林翠柏”是其中尤为特殊的一个。

洛阳的历史人物、文化景观实在太过丰富，似乎三五百年历史的古董根本拿不出手，随便拎出一件就有千年以上的历史。东汉末年的关公埋首处，距今已有近 1800 年，却也只能屈居于洛阳八小景中。

关公武圣

自古英雄多如繁星，能成圣者，惟有关公。

天下关庙数以万计，能称林者，惟有关林。

这是立于关林大殿前的碑文首句，由洛阳文化名人孙钦良撰写，碑文指出“洛阳关林乃武圣关羽含元钟灵之所，最高级别之关庙。大殿巍巍，古柏森森，高冢峨峨，信众芸芸。圣地圣庙，一砖一瓦叠加历代信众崇敬；青史青冢，一草一木生发忠义仁勇精神”。历史中的豪杰人物灿若星河，但若说关羽关云长是最出彩的那一个也不为过。毕竟，有华人的地方就有关庙，他在中国人的认知中占据非常独特的地位。能够霸气地配得上“汉封侯，宋封王，明封大帝；儒称圣，释称佛，道称天尊”这副对联的，非关公莫属。

关羽作为三国名将，在中国是家喻户晓、妇孺皆知的人物，大家一提到他，“身长九尺，髯长二尺，面如重枣，唇若涂脂，丹凤眼，卧蚕眉，相貌堂堂，威风凛凛”的形象立刻浮现于眼前。“万人之敌，为世虎臣”的种种传奇，千百年来为人所津津乐道。尽管有严谨的学者不厌其烦地纠正：“《三国演义》只是小说，很多都是杜撰附会”，可那又如何？民间对关羽的认知已无法撼动。

> 赤面秉赤心、骑赤兔追风，驰驱时无忘赤帝。
> 青灯观青史、仗青龙偃月，隐微处不愧青天。
>
> ——湖北当阳玉泉山显烈祠楹联

世人并不在意他是否真的温酒斩了华雄，真心愿意顶礼膜拜这个道德楷模和千古偶像。关羽的地位从武将、王侯一直上升到武圣人，与万世师表的文圣人孔子并列，这也是“关林”之称的由来。根据封建礼制，帝王墓为“陵”，王侯将相墓为“冢”，只有圣人的墓才能称为“林”，世上唯有山东曲阜孔林与河南洛阳关林能得此称。

追星的最高境界就是成为信仰，随着历史的推演，圣人也不足以表达世人对关羽的崇拜敬仰，他的地位不断走高，由“武圣人”飞跃到“武财神”，再到儒释道三界被封神，直至享受国家祭祀。最神奇的是，关公信仰不仅长盛不衰，而且有着最广泛的受众，令清人赵翼感慨：“今且南极岭表，北极寒垣，凡儿童妇女，无有不震其威灵者。香火之盛，将与天地同不朽。”时至今日，仍然不分阶层年龄，不分职业国界，无论是向往江湖的结义少年，还是叱咤风云的商界大佬，甚至主持正义的热血警察，供奉关公之心似乎同样虔诚。

在遍及海内外千千万万、大大小小的关庙中的关帝像前，不知有多少人在烧香叩拜，求关公显灵大仇得报、沉冤得洗；求关公保佑考取功名、升官发财；求关公庇护生意兴隆、马到成功……以至于结拜兄弟、官司诉讼、打卦算命、奠基开业、抗御灾害、消弭战乱统统都要去求关爷。势不两立的敌我双

关林（常立新 摄）

方，都在事无巨细地祈祷，所求愿景有可能完全相反。即使关羽再仁义，每天面对这种虔诚，不知是否会啼笑皆非、左右为难。

虽然关庙处处有，但洛阳的关林无可替代，因为这里埋葬着关羽的首级。民间流传的“头枕洛阳，身卧当阳，魂归故里”，形容的正是海内外最著名的三大关庙。关林前为祠庙，后为墓冢，是中国独一无二的冢、庙、林三祀合一的古代经典建筑。

“古石幽香名士骨，苍松翠柏老臣心”，我总觉得这副武侯祠旁的对联也特别适合关林。孙权杀关羽之后，把首级送给曹操，曹操以诸侯之礼在洛阳厚葬关羽。初时并无庙宇，明万历二十年（1592）在汉代关羽墓地的基础上建庙宇，清乾隆时加以扩建修葺。现存古建群以明代为主，保存完整。园内遍植古柏，很少有其他杂树与繁花，一年四季苍翠成荫，简洁庄重。常青的松柏用来比喻具有高贵品质、坚定节操的人，所以比起那种烧香祈求庇护的赤裸裸的交换关系，洛阳关林自始至终保持了初心——纪念关羽这个人，彰显忠义仁勇的精神。

关林总面积约百亩左右，古柏苍郁，殿宇堂皇。大门建于清乾隆五十六年（1791），九九八十一颗金色乳钉在朱红色大门的映衬下熠熠生辉，这是封建社会等级制度最高品级的标志。大门两侧的明代石狮气势凛然，东西两边墙上分别篆写“忠、义、仁、勇”4个大字，既概括了关羽忠君义友、仁爱勇武的一生，也蕴含了中华民族向往的传统美德。

关林建筑

关林的建筑规格按照宫殿形式修建，呈“回”字形，布局为严谨庄重的中轴线对称结构。庙前的舞楼戏台有个好听的名字——“千秋鉴”，古时用于讲述、再现关公义薄云天、刚正勇猛的故事。接下来依次为大门、仪门、甬道、拜殿、大殿、二殿、三殿，是朝拜关公的圣域，再往里的石牌坊、林碑亭，用于纪念、思索成为封建道德规范的关公精神，而最深处的大冢则栖息着关公的头颅和灵魂。

关林的建筑礼法森严，大门之后有仪门，取“有仪可象”之意，文官到此须下轿，武官到此须下马。五花隔墙上东西各镶嵌刻石一方：东侧为宋代抗金名将岳飞因缅怀关羽的英勇忠义而作的“关圣帝君像”，西侧的“关帝诗竹”据说是关羽本人亲手所绘的竹叶图。竹叶图上几丛清竹，气象幽然但暗藏玄机——竹叶点缀成一首诗，歌以明志：“不谢东君意，丹青独立名。莫嫌孤叶淡，终久不凋零。”

由仪门到大殿，需要通过被誉为“洛阳小卢沟”的一段35米长的甬道。此甬道修于明万历四十七年（1619），因精工细刻着104尊形态各异的小石狮而闻名。连接着几座雕梁画栋的明代和清代殿宇，层层深入，气势恢宏。殿内供奉着各种关公塑像：有气宇轩昂的贴金关圣帝君像；有关平、周仓捧印持刀分立身后的关羽怒视东吴像，还有栩栩如生的关羽夜读《春秋》的坐像，以及出行图、寝像等。桃园三结义、三英战吕布、刮骨疗毒、斩庞德、水淹七军……尽管这些经典故事我们已耳熟能详，但在关林这个地方通过古色悠然的明代浮雕木刻来重温，感觉还是不同。感觉一位赤面长髯、手提青龙偃月刀的大将正拨开层层迷雾，穿过重重殿宇，缓缓走向我们。这里的关羽还不是“神”，他有嘲笑吕蒙为病夫、视陆逊为小儿的傲慢，也有大意失荆州、败走麦城的失败，威震华夏、笑傲三国的英雄首先是一个有血有肉的人。

大殿周边有供奉五虎上将和关羽妻儿的偏殿，俗称“五虎殿”“娘娘殿”，这在其他地方的关庙是罕见的。明知道这是一个有缺点、曾经惨败过的武将，还是愿意尊崇他为神灵，甚至连他周围的人物都成为人们祈愿的对象，这就是所谓“爱得深沉”吧。世人心目中，关公身上体现出来的忠义仁勇足以遮盖白璧上的微瑕，是人们普遍追求的理想人格和行为准则，所以千百年来人们乐此不疲地对他进行美化、圣化、神化，让他成为扶正压邪、护佑众生的武神，还让他担当护佑商家、招财进宝的财神。

再往深处走，就快到关冢了。这座三国时代的古冢高 17 米，绿草如盖，远看仿佛一座小山丘，走近方见“汉寿亭侯墓”石坊和冢前奉敕碑亭。亭子内的“忠义神武灵佑仁勇威显关圣大帝林”碑，是历代帝王对关羽的最高封号。正面南墙有康熙五十六年（1717）所建石墓门，门上对联写着“神游上苑乘仙鹤，骨在天中隐睡龙”。看着额题“钟灵处”几个字，不觉想起《三国演义》第七十七回“玉泉山关公显圣，洛阳城曹操感神”。

统治阶层对关羽的垂爱体现在关林的牌匾上。仪门额上的“威扬六合”四字威严有力，很难想象竟是出自慈禧太后。乾隆御书的“声灵于铄”悬挂于大殿前的拜殿，气宇轩昂，与两旁的“翌汉表神功龙门并峻，扶纲伸浩气伊水同流”对联浑然一体。二殿门上悬挂着的“光昭日月”也气度非凡，那是光绪帝御笔亲题的匾额。

不事二主、肝胆相照为“忠”，意味着可靠；两肋插刀义薄云天为“义”，意味着诚信。前者是对国家政权的意识形态，后者是对个人的情感纽带，关羽之所以受到上至帝王将相下至平民百姓的推崇敬仰，是因为关公信仰寄托着社会的普遍价值观，符合社会心理需求。当一群陌生人为共同目标聚成一个社会组织共同行动时，总要借助这种价值观的纽带和道德约束力量。从《水浒传》里的“聚义厅”，到当今各种义卖活动、义工志愿者，都是这种精神的体现。

乱世中的武将因自己的过失战败而惨死于敌将之手，本是最普通不过的

关公塑像（常立新 摄）

事，却成为关羽成仙封神的起点。勇武的猛将那么多，即使是美化关羽的《三国演义》也承认刘、关、张三英联手也打不过吕布。关羽能够从一届凡人到封帝成圣、直至成神，过人之处到底是什么呢？《三国志·关羽传》中裴松之注引曹操的话“事君不忘其本，天下义士也”。一个不忘其本的“义”字就是最朴素的答案。

日本学者渡边义浩长期致力于关羽研究，出版《关羽：神话的三国英雄》，专门分析关羽是如何从一名武将到封王、封帝、封圣的。他也认为关帝信仰能够在中外华人社群中绵延至今，其原因既有王朝权力需要，也有晋商商业资本的作用，归根结底还是关羽身上体现出来的“义”的结果，是新旧因素层层累积叠加造成的。

的确，关羽“忠义仁勇”的精神价值是以“忠义”为核心的，由此延伸出的意义和影响也最大。哪个时代都有政治上的尔虞我诈、军事上的兵不厌诈，以及生意往来的互相倾轧，但从长远来看，“忠义”意味着忠君爱国、遵守道义，是国家维持长久稳定、人群建立信赖关系的基础，中国人还是愿意把“忠义”作为立身之本的。

很多标志性景观都被寄予当地民族或国家的文化记忆，甚至能起到凝聚力的作用，这是因为大好河山具体可见，而民族、国家之类的概念毕竟是抽象的。不知是有意为之还是自然天成，洛阳翠柏常青的关林，处处都是“忠义”理念的流露。这里的殿宇建筑、彩绘墙面、雕塑景观，都体现关羽人格魅力，尤其每一棵自然生长的苍翠古柏，都隐藏着关羽最鲜明的个性特征。

洛阳人形容数量多时有句俗话，叫“关林里的柏树数不清”。事实上，据统计关林共有柏树 800 余株，多为明代种植，高峻出尘。这里的翠柏是铁骨铮铮、沾染了关公“义”气的树！绝大多数昂首挺胸、像正气凛然的士兵，随时等待着关二爷的一声召唤。殿宇高冢被散落在园内的古柏衬托得更加静谧肃穆，一些柏树繁茂的枝叶别具特色，有的如龙头高昂，有的似凤尾轻摆，被命名为“龙首柏”和“凤尾柏”，虽然不是潇湘馆，却更能体会什么是真正的“凤尾森森，龙吟细细”。最令人称奇的是旋转着生长的“旋生柏”，枝干如同被某种神秘力量控制，像被拧毛巾般扭了好多圈。有好事者煞有介事地说那是因为关公被封为三界伏魔大帝后常驾着气流旋转飞升到各地去斩妖驱魔，旋转气流将普通柏树拧成了“麻花”般的旋生柏。

要说关林最美的情景，有人说是在雪过天晴，覆雪的琉璃瓦熠熠生辉，洇湿的石狮活灵活现，炉内的高香缥缈盘旋，祈福的红绸如火似霞，与翠柏相配，仿佛一座三彩缔造的人间福地；也有人说是古柏千章，葱茏回合，每当大雨急住乍晴之时，云气如烟，似袅袅香篆，悠悠绕冢流走，奇幻之景，令人拍案称奇。果然，无论哪种说法都是离不开柏树的。

关林是到洛阳的必游之地，若是秋高气爽的时节就更好了，说不定能赶上河洛文化节期间的关林朝圣大典，届时海内外的华人都会到此祭拜。关羽的神性来自“义”——一种超越宗族、熟人关系的道德升华，来洛阳拜谒忠义的化身关羽，与其说只是求财运、求保佑，不如说更多的意义在于重温中华民族传承千年的、最朴素的价值观。如同清风时常拂过翠柏，也算是一种“不忘初心、方得始终”吧。

邙山晚眺苍茫

即使你并不了解邙山，也必定曾于不经意间在古典名著中遇到过它。群雄逐鹿的《三国演义》自不必说，即使在儿女情长的《红楼梦》里，它也出现在统领全书的第一回。跛足道人和癞头和尚约定：“你我不必同行，就此分手，各干营生去罢。三劫后，我在北邙山等你，会齐了，同往太虚幻境销号。”亦真亦幻的《红楼梦》，“太虚幻境”当然是子虚乌有，那么一僧一道相约“三劫”之后会合的北邙山呢？

亡人故乡

邙山是黄河南岸的秦岭、崤山余脉，最高峰翠云峰海拔也不过300米，不高大雄伟，却如一条卧龙慈爱地守护着洛阳城。中国数不尽的名山高峰中，这是一座无论奇、秀、险、峻都排不上号小山，却是最神秘的那一座。“北邙”是对洛阳城北的那一段邙山的特称，“邙”，亡人故乡。如果说“上有天堂，下有苏杭”是对江南生活的向往，那么“生在苏杭，死葬北邙”则是对死后栖息的理想。

邙山向来是人们登高游玩的圣地，“邙山晚眺”位列洛阳八大景。早在唐代，诗人就唱出——“人居朝市未解愁，请君暂向北邙游”（张籍《北邙行》）。

邙山黄土（王俊波 摄）

人生在世，亘古通今，无论是过去的“居朝市”，还是如今的“住都市”，不如意事总是十之八九，当你遭遇困惑、烦恼萦怀时，不妨登上邙山一游。

洛阳市区就在邙山脚下，以前没有那么多高楼时，站在城北几乎是抬头可见山。如今邙山建有上清宫森林公园，山路平缓，差不多可以一路拾阶而上。登顶以后，风光尽览，值得眺望的东西太多了。

首先可以看到邙山之巅被绿茵环抱，目光所及之处群山翡翠、绿海生烟。这里是道家内丹思想的发源地，传说最高峰翠云峰最早是太上老君的炼丹处，后来老子及其他道教人士都曾在此炼丹。在“老子化胡”的故事里，当年老子离开周王城的守藏室，来到这里砌起太极八卦炉炼成仙丹后才跨上青牛，由北邙山远出函谷关，西游天竺教化胡人。

上清宫的历史显赫，确有可查。盛唐时期由玄宗敕旨而建，初称老君庙，后来因老子被封为玄元皇帝，又曾有过玄元皇帝庙、太微宫等称呼。曾经规模宏伟，殿堂巍峨，吴道子在壁上绘五圣真容及老子化胡经事，丹青妙绝、盛极一时。历代文人墨客纷纷以诗文记载当时盛景，比如杜甫于天宝八年（749）登临此处，作长诗《冬日洛城北谒玄元皇帝庙》。“碧瓦初寒外，金茎一气旁”

邙山观日（李建青 摄）

说庙宇碧瓦金柱、气势恢弘；“山河扶绣户，日月近雕梁”描写当时的建筑依山借势、高耸入云；“画手看前辈，吴生远擅场。森罗移地轴，妙绝动宫墙”则记录画圣吴道子所绘作品惟妙惟肖、生动逼人。可惜上清宫至金元时期已残破，后又几经战乱毁坏与重建，现在只剩一座紧凑幽静的青砖道观和几座道士塔寂寞伫立，与山下的下清宫、吕祖庵等遥相呼应。

目光放远一些，就会惊异于邙山半腰至脚下冢台林立、墓葬密集的陵墓群。《三国演义》说“侯非侯，王非王，千乘万骑上北邙”，其实这大大小小的土包又何止千骑万乘！据统计，邙山陵墓群占地面积 756 平方公里，东西长 50 公里，南北宽 20 公里的区域内，现已探明大型的封土墓有 970 多座，古墓葬有数十万之多，令人叹为观止。其中八座东周王陵、五座东汉帝陵、两座曹魏帝陵、五座西晋皇陵、六座北魏皇陵、后唐帝陵和南明帝陵各一座，还有七座后主皇帝陵，都集中在这座其貌不扬、看似普通的黄土丘陵一带。分布之密、数量之多、延续年代之久，皆堪称国中之最。

“青史几行名姓，北邙无数荒丘”（杨慎《西江月》），君臣父子、夫妻兄弟、老友宿敌的灵魂，全都安息于此。了解得越多，就越对这片土地生出敬畏之心——若人真的泉下有知，将上演怎样精彩的故事？实在难以想象作为一代英武帝王的光武帝刘秀、魏文帝曹丕、晋武帝司马炎，魏孝文帝元宏等，面对不成器的窝囊后人是怎样一幅尴尬场景；也不知道百济国王扶余义慈、吴越国王钱俶等会如何评价蜀汉刘禅、东吴孙皓、南陈陈叔宝、南唐李煜等一众养尊处优的亡国后主们。还有苏秦、张仪、吕不韦、贾谊、班超、樊哙、狄仁杰、孟郊、石守信等不计其数的将相名士在此风云际会，李白若来，会写“不敢高声语，恐惊地下人”吧。

青山处处可埋骨，古人为何如此青睐北邙山作为自己的终极归宿呢？随着《盗墓笔记》等小说的流行，普通人也知道了选陵要讲究“枕山蹬河”。作为黄土丘陵地的邙山是洛阳北面的天然屏障，这里地势开阔、背山襟水，脚踩黄河，有伊、洛、瀍、涧四水环抱的穴地，据说是中龙主脉的聚集地，在风水学上是无可争议的上佳宝地。另外，由于位于黄河中下游，上游黄土高原长年累月的水土流失在黄河的转弯处形成了巨大的淤积和沉淀，造成邙山土层深厚，表土紧密结实，土质黏性大，最宜殡葬。传统风水论和自然条件都让这里成为中国的帝王冢和陵墓群。

历代王侯将相争相在邙山上造墓埋骨，以致邙山无卧牛之地，早在唐代就被人感慨“北邙山头少闲土，尽是洛阳人旧墓。旧墓人家归葬多，堆着黄金无买处”（王建《北邙行》）。如此寸土寸金，正如今日北上广大都市的昂贵房价让普通打工人望洋兴叹一样，大概古时的布衣百姓想埋入这片土地也没那么容易吧？所以，人们把百年之后能埋骨于北邙当成了夙愿和向往，北邙成为中国文化史上的一个特殊符号。

1976 年，邙山脚下出土卜千秋夫妇墓室壁画，距今已 2000 多年仍然画面奇幻，色彩鲜明。这是国内发现最早、最完整的西汉升仙思想的壁画，反映了古人对死亡的想象。邙山的特殊在于，即使不能真正成为现实中葬身埋骨之地，也可以成为中国古人理想中的升仙和安魂之所。淡泊悠然的陶渊明可能一生都未到过洛阳，却郑重写道：“一旦百岁后，相与还北邙”（《拟古九首》）。驻守扬州、兵败殉国的抗清名将史可法，扬州十日中尸骨无存，衣冠冢被葬扬州梅花岭，后人祭吊诗云：“生无君相兴南国，死有衣冠葬北邙”（蒋士铨《梅花岭吊史阁部》）。这是一种文化的终极向心力，似乎只要人们愿意，即使不能真的身葬北邙，也可以魂归故里。

然而讽刺的是，“纵有千年铁门槛，终须一个土馒头”（范成大《重九日行营寿藏之地》），那些帝王将相、达官贵人，斥巨资、费民力建成的“北邙冢墓高嵯峨”，在历史的烽烟中，或因人为盗掘、或因自然风化，逐渐在消亡。据调查，邙山上的陵墓群减少、消亡速度惊人，尽管已经建成洛阳古代艺术博物馆（原名洛阳古墓博物馆），毕竟人力有限，绝大多数的古墓处在露天状态，任凭风吹雨打，自然风化。据当地村民说，很多十几年前还高大分明的墓冢封土堆，如今与周边土地几乎持平，越来越难以分辨，邙山每年都有大量墓冢悄无声息地消失殆尽。正应了《红楼梦》中“古今将相在何方？荒冢一堆草没了”这句话。葬于北邙的故人，不知他们的灵魂是否“升仙”，但肉体是的确永远地融入黄土，化为河洛大地的一抔尘土了。

遥看洛城沧桑

一声叹息之后，我们可以将目光投向更远方。随着视野的宏阔，可观可看之物也愈发丰富，可以远观伊洛二川之胜，可以遥看嵩山之雪，还可以瞭望长空的光风霁月。当然，“北邙山上列坟茔，万古千秋对洛城”（沈佺期《北邙山》），邙山顶峰自古至今都是俯瞰洛城的最佳位置。人们看得最多、最入迷的就是正对邙山、自成舞台的古都洛阳城了。

> 陟彼北芒兮，噫！顾瞻帝京兮，噫！
> 宫阙崔嵬兮，噫！民之劬劳兮，噫！
> 辽辽未央兮，噫！
>
> ——梁鸿《五噫歌》

每一个登上北邙的人都会凭栏四眺，只不过时代不同，所见所感也大相径庭。汉代的梁鸿偕举案齐眉的妻子归隐，经过邙山时登阜望远，看着帝都富丽堂皇的巍峨宫城，用这首特殊的充满语气词的诗歌，一句一咏叹，感慨统治者追求奢华辉煌无止境，百姓的艰难疾苦也没有尽头。

步登北邙阪，遥望洛阳山。洛阳何寂寞，宫室尽烧焚……

中野何萧条，千里无人烟。念我平常居，气结不能言。

——曹植《送应氏二首》其一

这是建安十六年（211）曹植的感叹。时年二十岁的他随其父曹操西征马超，在此送别友人。登邙山上观望曾经气派的皇城被焚烧成一片灰烬，繁华都市萧条到千里无人，想起以前的居所，心痛得说不出话来。

步登北邙坂，踟蹰聊写望。

宛洛盛皇居，规模穷大壮。

——郑世翼《登北邙还望京洛》

隋炀帝在洛阳重建新都，唐太宗改东都为“洛阳宫”，这座城市又恢复了宏伟壮丽和勃勃生机。所以盛唐之前的人们登山看到的洛城是一幅皇居盛大、政兴人和的光景。但安史之乱中，安禄山以雷霆之势占领洛阳并称大燕皇帝，李白只能登上想象中的莲花山观望洛城：“俯视洛阳川，茫茫走胡兵。流血涂野草，豺狼尽冠缨。”（《古风》）

宋代作为西都的洛阳，风行在唐代旧园故址上修建庭院，一时名园林立、风光旖旎，但城市规模和建筑风格不再是宫殿巍峨的帝都气象。宋人登邙山南望熙熙攘攘、营营役役的人群，开始思考人生的真相：“洛阳城里千万人，终为北邙山下尘。”（释法泉《北邙行》）

金、元时期洛阳又成战场，在邙山上观望到的景象是“洛阳城中千万家，无有一家免乱亡”（梵琦《北邙行》），一城沧桑，尽收眼底。以至于有人不忍再看，只好抬头望天：“今古北邙山下路，黄尘老尽英雄。人生长恨水长东。幽怀谁共语，远目送归鸿。”（元好问《临江仙》）

时空辽阔，天地悠悠，青山依旧在，城池几度兴。明代旅行家徐霞客之子登临邙山时，目光掠过城市，望向了嵩山和洛水：“凤皇台上望嵩巅，咫尺

青葱映洛川。可惜不将游华舆，便中一了此山缘。”（李寄《登邙山凤皇岭望嵩山》）

每个时代登邙山的人都络绎不绝，他们看到的风景不断变换，生出的感慨也迥然有异。从某种意义上来说，洛阳城是固若金汤的，无论是被洗劫一空，还是烧成灰烬，总也不能摧毁她；洛阳城也是柔软的，如同神奇的海绵一样无穷无尽地容纳来自四面八方之人的情感和希望。曾经登山望城的人，都有印记留下，成为山与城的一部分，相看两不厌。

冷月洛阳宫（李炜 摄）

那么，“邙山晚眺”为什么要特意强调一个“晚”字呢？古代“晚”的严谨解释是指太阳落山的傍晚时分。很多山适合观日出，而登邙山远眺的最佳时间是日影斜沉、微云舒卷的黄昏之际。在夕阳最后的余晖中居高望远，能看到苍茫大地暮色沉沉，有种压迫的气势，被人称为传说中的王气。山上道观在云烟缥缈中被镀上一层金色，宛若仙境，山下墓葬一点点沉入昏暗无光的世界，静默无声。只有洛阳城这座饱经沧桑的舞台开始亮起了灯，上演着鲜活的时代大剧，时而鲜花着锦、烈火烹油，时而刀光剑影、腥风血雨，时而又是残壁断垣、杳无人踪。天边夕阳最后的淡黄余晖、逐渐黯淡的绚丽云霞，总会勾起人的怀旧之情，无论是城市的前朝旧事还是人生的前尘往事，都惹人留恋。面对眼前仿佛壁垒分明的仙、鬼、人三界，谁不是遐思无限呢？可是，稍一沉迷的工夫，凉意渐生，等回过神来，天地万物已覆盖于朦胧的夜幕之下了。

张籍只说“人居朝市未解愁，请君暂向北邙游”（《北邙行》），邙山游何以解愁？同是唐人的欧阳詹说“何事悲酸泪满巾，浮生共是北邙尘”（《观送葬》），大概是说如果想明白了浮生若梦、不过尘埃，就自觉没必要愁苦了。邙山晚眺或许就是要警醒众生：沧海桑田、人间短暂，要珍惜我们每个人这段独一无二的时光旅程！

如此老生常谈，就不能有点新意吗？也许你能。那么请来邙山体会一次穿越时空的眺望，寻找自己的答案吧。

春晴暮雨古典

民国时的鸳鸯蝴蝶派作家张恨水说："洛阳这个地名，说到口里，就觉得响亮。"今天也有人说，洛阳，不需要标榜古都，不需要展示古迹，只需轻轻念出名字，便开启了一段时光笼罩的繁华。这就是文字的力量吧！洛阳是一个格外需要"敬惜字纸"的地方。

自东汉蔡伦在洛阳制"蔡侯纸"，造纸术成为中国影响世界的发明起，这座城市就与纸和字永久地结下了缘分。晋时左思在这里耗费十年工夫完成《三都赋》，引世人争相传抄，"洛阳纸贵"由此而生。但更重要的是，像洛阳这样数次被毁、又几度浴火重生的城市，太多的风景都成了传说与回忆，只留下"汉魏文章半洛阳"。唐诗宋词、歌赋词句的古典文字留住了传说、定格了回忆，让那些过往的人物不再杳不可寻、逝去的风景绵延久远。金谷春晴、洛浦秋风、天津晓月、铜驼暮雨……每个名字都如诗如画，寥寥数字就营造出一个秩序井然的安宁世界，整齐对称，统一和谐，让人感受到一种和谐的古典美。如同这座城市不同岁月的侧脸，恒久地留在纸上，更何况背后还藏着深深的故事。

金谷园中的爱情

关于金谷春晴是一段令人嘘唏、不知能否称为"爱情"的往事。主角是西晋富豪石崇与美妾绿珠，舞台就在城东的金谷园。石崇的财力富可敌国，他与贵戚王恺比拼奢侈的行为听起来十分荒唐：你饭后用糖水洗锅，我便用蜡烛当柴烧；你做四十里紫丝布步障，我便做五十里锦缎步障；你用名贵药材涂墙，我就用稀世香料……炫富行为愈演愈烈，居然到了用毁坏价值连城的珊瑚礁、连杀美人敬酒来证明的地步，可谓前无古人、后无来者。

可是，如此奢侈挥霍，想必是个继承家产的无能废物吧？偏偏石崇父亲认为这个孩子有能力获取富贵，去世时把家产全部分给了其他兄弟，石崇仅靠祖荫当上小官。随后靠抢劫客商起家，精明运作，不仅一路升迁、积累到滔天的富贵，还在京师建起奢华的金谷园。随地势高低，筑台凿池，楼榭亭阁都用奇珍异宝装饰，流水萦绕其间。阳春三月、雨后初晴的金谷园，桃花灼灼、柳丝袅袅，花树楼阁交辉掩映，成为春日美景的代表。

如此不顾廉耻，想必是个没文化的鲁莽浊物吗？偏偏石崇少年时便才思敏捷，为人慷慨，与西晋文坛最具影响力的文人雅士相交甚密，与写出《三都赋》的才子左思，江南文坛领袖陆机、陆云兄弟，因貌美而留名青史的潘岳（俗称潘安）等并称“二十四友”。这些统领西晋文坛的风流才俊常聚在金谷园内饮酒赋诗，史称“金谷雅集”，为历代文士所向往和效仿。

如此骄奢淫逸，想必是个无情的荒淫色鬼吧？偏偏他用珍珠换得“美而艳，善吹笛”的绿珠后就独宠一人，在金谷园内为她建起华丽的崇绮楼（也称绿珠楼），可以南望家乡以解乡愁。永康元年（300），石崇因拒绝权臣孙秀索取绿珠而获罪。被抓捕时，一个感叹：“我今为尔得罪”，一个泣曰：“当效死于官前”。而后绿珠自投于楼下，石崇遭到诛杀、夷灭三族，华丽奢豪的金谷园就此败落。

> 繁华事散逐香尘，流水无情草自春。
> 日暮东风怨啼鸟，落花犹似坠楼人。
>
> ——杜牧《金谷园》

中国传统浪漫爱情故事中，牛郎与织女的坚贞、许仙与白娘子的凄美、

春光明媚瀍壑朱樱（孙玉欣 摄）

梁山伯与祝英台的化蝶，无不是仙气飘飘的浪漫爱情。相比之下，石崇与绿珠这一对则显得特别现实——一个贪图富贵，一个爱恋美色，建立在虚荣贪婪等人性弱点上的财色交换关系透露着残酷的真实，一点也不纯粹唯美。早期历史人物大多是好坏单一、特质分明的扁平形象，难得这两个人物将许多截然不同的矛盾特质集于一身，脱去仙气、充满散发复杂“人”味儿的世俗感。

巧取豪夺发家、丧心病狂炫富，收集众多美女、纵情声色，结交权贵、趋炎附势，明明是个令人唾弃的人渣，换个角度来看竟然是个慷慨多金的风雅才子，放浪不羁地一掷千金、嘲弄戏谑权贵，关键时刻舍命维护爱侣尊严。一个被金主买下的卑微歌女，曲意承欢以讨主人宠爱，明明凭着美貌换个主人也能受宠，却偏偏要如贞洁烈女般纵身一跃、以身殉情……

石氏灭，金谷园中水流绝。当时豪右争骄侈，
锦为步障四十里。东风吹花雪满川，紫气凝阁朝景妍。
洛阳陌上人回首，丝竹飘飖入青天。晋武平吴恣欢燕，
余风靡靡朝廷变。嗣世衰微谁肯忧，
二十四友日日空追游。追游讵可足，共惜年华促。

祸端一发埋恨长，百草无情春自绿。

——韦应物《金谷园歌》

如烟花般华丽闪过的金谷园的往事总是令人感慨，是奢淫无度走向灭亡的道德警钟，也是以色侍人者长期依附形成封建奴性的典型，同时又可能是相处日久真生出的一往情深，以及知恩图报、舍命陪君子的义气。金钱与美色交换的感情也可以生出错综复杂的情愫，满身污点的恶人也会在某些时刻闪出神圣的光辉，世上哪有完全的黑白分明？石崇与绿珠的“爱情”，看似矛盾割裂，实则立体地展现了人性的幽微。人生有太多层次和维度，人心兼具黑暗与光明，一时一事，瞬间万变，最理不清的反倒最接近真实。

这座奢豪堪比宫殿、真正实现了“珍珠如土金如铁”的名园，存在于世间不过短短数十年，如电光石火般炫目而短暂。所谓“金谷春晴”盛景，早已荒废无迹可寻。然而绿珠、石崇、“二十四友”，连带着一园的春光明媚，被写进无数诗歌辞赋与文学小说。多年后我们读“夫天地者，万物之逆旅也；光阴者，百代之过客也”（《春夜宴从弟桃花园序》），对李白的恢宏气势惊为天人的同时，也会惊奇地发现——这所早已不复存在的园子竟然还刻在诗仙心头！他发出“浮生若梦，为欢几何”之问，畅饮高谈后随即自问自答：“不有佳咏，何伸雅怀？如诗不成，罚依金谷酒数”。

金谷园的故事被后世的文人墨客感怀，再被更后来的人甚至虚构文学作品中的人物来品评，如《红楼梦》里世外仙姝林妹妹也作《咏绿珠》道：“瓦砾明珠一例抛，何曾石尉重娇娆。都缘顽福前生造，更有同归慰寂寥。”金谷园的风景被后世画家想象并描绘，成为模本被更后来的人摹写甚至托名伪造，至今世间仍流传着历代绘画名家的《金谷园图》，从明代仇英到清代华岩等，真伪难辨……恍若走进了一重又一重的连环梦境。洛阳这片土地在华夏五千年光阴中有太多像这样的梦中之梦，不断地被解构和重建着。人们总是用“厚重”这个词来形容洛阳，就是因为这里承载了太多惹人牵挂和神伤的文化记忆。

团城阁落日（郭慧军 摄）

风起洛浦

山南水北为“阳”，古代洛阳因位于洛河之北而得名。洛河水量丰沛，曾长期是古代全国水运的枢纽。隋炀帝以洛阳为中心开凿大运河后形成水运大动脉，洛河面上更是帆樯林立、舟楫如梭，再加上两岸芳树鲜美、柳荫婆娑，别说文人，就连征战四方的唐太宗李世民到此也诗兴大发。难得这位杀伐果断的君王用“霞处流萦锦，风前漾卷罗。水花翻照树，堤兰倒插波”（《临洛水》）这样的词句来细致描绘河滨美景，或许是洛浦的微风吹动了他柔情的一面。

洛水秋深碧如黛，乱石纵横泻鸣濑。
清明见底不留尘，日射澄沙动玑贝。
南山秋风已萧瑟，倒影上下迷空翠。
何当载酒纵扁舟，一尺鲤鱼寒可鲙。

——张耒《洛水》

洛水之滨一年四季皆美，宋人想告诉我们秋高气爽时分最怡人。不过，只有美景不足以成为文化记忆，是三国时曹植的名篇《洛神赋》让洛浦秋风散发出永恒魅力。这位才高八斗的建安才子用华美到极致的文采词藻，记叙他在洛河水畔邂逅神女的奇遇。洛神“翩若惊鸿，婉若游龙”，“仿佛兮若轻云之蔽月，飘摇兮若流风之回雪”，“凌波微步，罗袜生尘”，“含辞未吐，气若幽兰”，千年后再读仍能感受到那摄人心魄的美。这段飘渺迷离、稍纵即逝的人神之恋让后人遐想无限，也给秋风渐起的洛浦增添了独一无二的凄美神韵，浪漫与寂寥并存。

月照天津

洛河上的另一处盛景是“天津晓月”。隋炀帝营建东都洛阳，设计者认为地上洛河和天上银河遥相呼应，有意识地将洛阳比照天帝的居所紫微宫，洛水上的桥自然被命名为天津桥，意为“天上的渡口”。天津桥最早是浮桥，后改为石桥，横跨悠悠洛河，是连接两岸的交通要道，也是赴西京长安的必经之地。附近有神都苑、上阳宫，殿阁巍峨：“晴烟霁景满天津，凤阁龙楼映水滨。”（皇甫冉《送包佶赋得天津桥》）还有酒肆和里坊区，车马行人川流不息：“何处送客洛桥头，洛水泛泛中行舟。”（张说《离会曲》）景物之盛，用李益一句诗以蔽之：“何堪好风景，独上洛阳桥。”（《上洛桥》）

天津晓月古遗址（常立新 摄）

与洛阳各处风物一样，天津桥

也少不了故事。李白曾在这里纵酒放浪，“忆昔洛阳董糟丘，为余天津桥南造酒楼”，还留下一个花样美男的轶闻：“谁家白玉郎，回车动天津。看花东陌上，惊动洛阳人。”刘希夷则以“天津桥下阳春水，天津桥上繁华子”（《公子行》）开头，讲述了一个纨绔公子与美丽艺伎的悲伤爱情故事。最有意思的是，宋代笔记小说《挥麈后录》记载了黄巢起义失败后削发为僧，赋诗“三十年前草上飞，铁衣着尽着僧衣。天津桥上无人问，独倚危栏看落晖”的落寞故事。

冯著“天津桥上多胡尘，洛阳道上愁杀人”（《洛阳道》）揭示桥上曾经真正上演的残酷现实。文学故事多有杜撰，真实历史更为惨烈。安史之乱中力抗叛军的颜杲卿被押到洛阳，被安禄山绑于天津桥柱上。颜杲卿忠节不屈，瞋目怒骂直至被钩断舌头，他和子侄及部下都被残忍地截肢杀害，血染桥头。被后世誉为仅次于《兰亭序》的“天下第二行书”《祭侄文稿》，正是颜真卿在极度悲愤中写下的。

天津桥有说不尽的美景与故事，白居易频繁地往来于此。“津桥东北斗亭西，到此令人诗思迷”（《天津桥》），“晚归骑马过天津，沙白桥红返照新”（《早春晚归》），“宿雨洗天津，无泥未有尘”（《春尽日，天津桥醉吟，偶呈李尹侍郎》）……几乎每经过一次就要留下一首诗。这座桥四季阴晴、雨雪晨昏的各种场景都被白居易记下，这首凌晨初晓时的景象最为别致。

上阳宫里晓钟后，天津桥头残月前。
空阔境疑非下界，飘摇身似在寥天。
星河隐映初生日，楼阁葱茏半出烟。
此处相逢倾一盏，始知地上有神仙。

——白居易《晓上天津桥闲望，偶逢卢郎中、张员外，携酒同倾》

夜尽天明，长桥卧波沉静无言，一月如钩淡淡西挂，天津桥一带在晨雾迷离中显得辽远空阔、如同仙境。但这不是一幅死气沉沉的呆板画面，还带着变化与生机：旭日待升、天光放亮，星河悄然隐去，苍翠的树木和巍峨的亭台

洛河风光（柴宇峰 摄）

楼阁逐渐露出真容。最妙的还是人——大清早竟然不睡觉而去渡桥观景，闲逛偶遇老友，偏偏还带着酒！于是晨光中欣然坐下，共饮一杯。这是何等的神仙人物与生活啊！“天津晓月”能够成为超凡脱俗、格调高远的一景，也是拜乐天神仙一般的文字所赐。

铜驼暮雨

铜驼指铜铸的骆驼，多置于宫门之前。一般认为，魏明帝把西汉铸造的一对铜驼从长安运至洛阳，安放在阊阖门外的大道两侧，铜驼大街（铜驼陌）由此得名。这条路从皇宫正门阊阖门一直延伸到洛阳城正南门，是汉魏洛阳城的中轴线大街。俗话所谓的“金马门前集群贤，铜驼陌上集少年”，用来形容太平盛世的繁华殷盛。

随着京杭大运河的开通，铜驼又被安放在洛阳东城“北市”附近的铜驼巷，周围的货运码头通过水路将江南和西北联系在一起，形成了一条完整的“丝绸之路”，铜驼也成了当时繁华洛城的象征。据说由于这一带总是店铺林立、人烟稠密，每当日暮色时分，家家户户开始忙碌做饭，人声喧嚣、炊烟袅袅，远看整片街区犹如笼罩在一片薄雾微雨中，这就是“铜驼暮雨”的由来。

洛阳瀍河岸边的铜驼（杨沐河 摄）

尽管唐朝时牡丹还没有在民间广泛种植，洛阳的“花城”形象已经形成，只不过那时代表“洛阳花”的是桃花和李花。洛阳城内广植桃李，高楼瓦屋都掩映于花树之间，唐人说“洛阳城东桃李花，飞来飞去落谁家”（刘希夷《代悲白头翁》），宋人说“洛阳春日最繁华，红绿荫中十万家”（司马光《洛阳看花》）。同是春光明艳的绝美景观，比起豪族巨富奢丽园林中的金谷春晴，市井街巷里的铜驼暮雨无疑更有烟火气息。庶民百姓的朴素愿景就是居有定所、食能果腹，所以，还有比在陌上纷飞的桃李花中点起晚炊烟火更令人幸福的画面吗？

然而金人南下，无情的烽火打破了这幅安宁怡人的铜驼暮雨图。随着洛阳城址的几次变迁，无论是铜驼大街还是铜驼巷，都在战乱中都败落，连铜驼也淹没在荒草丛中不知所踪。铜驼成了比喻家国兴亡的代称，留下成语“铜驼荆棘”形容国土沦陷后残破的景象。清末秋瑾烈士表达对祖国的忧愤时，还用了“铜驼已陷悲回首，汗马终惭未有功”（《日人石井君索和》），“铜驼暮雨”的风景更是被尘封在历史的记忆里了。

洛浦天津，铜驼金谷，这么多前朝旧话，终究只是已经远去的繁华遗韵。

洛阳作为帝都盛极一时，但也不可避免地成为政权更迭的牺牲品，反复被占领和摧毁。经过日月交替、雨雪冲洗，绝大多数历史的印迹在缓慢消失。无论多么宏大的建筑、美丽的风景，大多只剩下残存的碎瓦、沉默的大地。人们常哀惋洛阳的古迹遗存保留得太少，遥想若历史记载的古典美景都保持下来，该是何等壮观。我也在读史时每每读到董卓焚城、刘曜毁城、回纥兵掠城以及近代日军炸城时，总为这座城市叹之、憾之，引发无限伤感。

可是细细想来，这世间万物都遵循着从生到死、诞生消亡的自然规律，历史荡涤掉逝去时代的大多数痕迹亦不过寻常之事。彩云易散琉璃脆，我们怎么可以奢求美好会坚不可摧呢？古典是代表过去文化特色的一种正统和典范，那些因文人的不胜流连、后人的反复追怀而延续的经典文化记忆，可以理解为一种风景的古典。即使昔日风景已逝、旧地已成新墙，那些经典的相关文字，能让今天的浅浅青苔、寥落荒草，甚至一阵风、一道痕迹，都成为引子，用来史海钩沉。古人对洛阳风景的文学记忆，深刻生动地体现中国文化的基本精神，让远去的时代渐渐变得清晰，使过去澄明于现在。包含着世代的传递，也容纳着对想象的未来，这就是古典文字中的历史景观的意义。

伊滨洛龙新风

外国人喜欢称赞中国人创造的汉字，他们觉得来自象形文字的汉字凝山聚水，非常神奇。的确，如果用一个字来形容洛阳，我第一个想到的是“古”。“古”字中的“口”表示言说，“十”表示数量极多，意思是经过众人的口口相传、时间久远——形容这座经历漫长年代、无数代先人口谈笔录的城市，还有比这个字更贴切的吗！

然而“古”同时也意味着陈旧、衰老与暮气，人之常情是“喜新厌旧”“辞旧迎新”。可是，二者真的是完全相反、彻底对立的吗？好像也未必。钱钟书提出时代愈古愈在前，它的历史愈短；时代愈在后，他积的阅历愈深，年龄愈多。这样看来，只要换个角度，新与旧、古老与年轻，是可以瞬间切换的。夏商周三代上古的历史远远不如现代的历史悠久，我们回望古代，反而相当于历尽千帆的苍鬓老者去看天真的垂髫幼儿。所谓“信而好古的态度，便发生了新意义”，就在于此吧。

先王定鼎山河固，宝命乘周万物新。

——宋之问《龙门应制》

古都洛阳不断经历兴建、极盛、毁灭、重建的循环，周而复始。黯淡和

古都新貌（张水利 摄）

巅峰交织相融，新城和旧城都是相对而言，唯有变化本身是永恒的。与那些轻装上阵、高速发展的新兴城市相比，这座经历数千年历史沧桑的古都背着遗迹旧存负重前行的同时，还被确定为新中国成立后重点建设的工业城市。保护历史遗产还是优先当代居民生活？城市发展与文化遗产保护的冲突矛盾曾经如影随形，困扰古都的建设。

摸索的过程是艰辛的，有时候不得不付出惨痛代价。例如在洛阳市西工区上马大量工业和城建项目，多年后才发现已严重破坏了地下数百座规模宏大的周代墓葬。一个有可能堪比兵马俑的地下奇迹就这样被打散、销毁于深土之下，让专家痛惜不已。另一方面，和很多地方一样，也出现了以保护历史名义的拆迁，让世代居住的市民遭受日常生活被随意腾挪和割裂之困，急于再现历史风貌而粗制滥造建筑景观等问题。

在社会历史条件尚不具备，文物界、城市规划界缺乏大遗址保护经验的背景下，失败在所难免，现代化的进程也是一种经验累积。随着新世纪的开始，蓄势已久的洛阳终于迎来了新一轮勃发。无论是久别回乡的游子，还是天天住在城市里的人，都实实在在地感受到变化。有人说“总算有点现代化大都市的样子了”，也有人说“终于一看就像个古都了”，或许可以看作对当今洛阳城建发展方向的肯定——将历史底蕴交织于古韵新风的城市面貌中。

暮色中的应天门（牛耀岑 摄）

《笑傲江湖》中有个细节很有意思，令狐冲曾在洛阳城中喝过一次四蒸四酿的西域吐鲁番葡萄酒，虽然醇美之极，却因运输途中颠动之故，酒中有微微酸味。后来与丹青生在梅庄品酒，发现同样的酒在这里竟然绝无酸味，而且新中有陈，陈中有新，比之寻常百年以上的美酒，另有一番风味。究其原因，丹青生的秘密就是将十年新酿加入陈年美酒中，使那陈酿顿时少了储存经年而生的燥烈之气。陈酿中有了新酒的清甜，新酒中又多了陈酿的余蕴，交相融合，叫人回味不绝。想来洛阳的发展也应如此，保护历史遗产和优先当代生活并不对立互斥，用心探索的话完全可以彼此借力、相辅相成。

当代洛阳人利用历史赋予的厚重，抓住时代赋予的生机，真的开始让“信而好古发生新意义”。这是长期绵延不绝努力的结果，如果非要找出契机的话，也许 2000 年经国务院批准对洛阳市城市区进行区划调整算是这老树新花式发展的一个新起点。调整城市格局、在洛河南岸市郊成立新区洛龙区作为全市的经济、文化、金融和商贸中心，拉大了城市框架，为城市的高速发展拉开序幕。2017 年规划总面积 280 平方公里的伊滨区与国家级经济开发区——洛阳经济技术开发区融合发展，以及 2021 年 3 月发布的国务院批复同意偃师、孟津两地撤县设区的重磅消息，都表明洛阳复兴的大势已成，正走在崛起之路上。

“山融于水，诗融于文，业融于城，古今融于洛阳，以天地造化之美，绘天下共羡之都……”这是中央电视台发布的 2020 年洛阳最新城市宣传片中的片首语，当年央视中秋晚会在洛阳应天门举行，从不同角度呈现河洛大地正在奏响的新时代文旅融合交响曲。我特别认同“古今辉映”这个古都发展的关键词，洛阳本身就是怀古赏今的最佳地——“这里是洛阳，一个古今辉映、诗和远方的地方。”

古建景观

洛阳拥有的众多通过古典文字传承的千年风景，是我们这个国家和民族记忆中共同的风景，即使现实中已不复存在，依然留有深厚且庄严的意义与价值。“风景”这个词其实隐含着人类的目光，当人们摆脱了自然的威胁和生存的困境，才有可能去欣赏美，这种欣赏的实质是重新建立起一种关系。中国历史上的古典建筑、园林都体现了人和自然的关系，是反映古代社会的一面镜子。社会在镜子中投下的影像，不能脱离当时的社会环境，时代更迭，即便是古都，既然当时照镜子的人已经离开，我们可以发思古之幽情，却不必抱缺守残，也不必追求完全复古。

近年洛阳出现不少新的古建景观，在主动遵循历史发展客观规律的基础上融古创新，从最初的粗糙仿古到越来越有质感，在尊重历史的前提下越来越适合当下生活。大部分市民的态度也由最初的反对、观望，到认可、享受，毕竟停留在古人文字上的景象渺茫难寻，千年古都形象需要展示的场域载体。新出现的仿古建筑是物化的景观，它们有延续历史的意图，也共同界定了当代人对古都的认知、理解和想象。比如隋唐洛阳城大遗址保护示范项目和工程，被称为大遗址保护和文旅融合发展的一个典范。在市中心区域的黄金地段规划出22平方公里的超大面积建起绿地保护性的隋唐都城遗址公园，随后又在老城区和洛龙区的相关遗址之上建设了天堂、明堂、应天门、九州池等遗址保护展示工程。

历史上的隋唐洛阳城宫城部分也称紫微城，历经隋、唐、五代和北宋时期，前后沿用530年之久。定鼎门、明堂、天堂、应天门、九州池，任何一个名字都如雷贯耳、声名显赫。定鼎门是隋唐洛阳城外郭城正门，取名于“周武王迁九鼎，周公致太平”；明堂号称万象神宫，为古代帝王明政教之场所；天堂是形制独特的五重圆形建筑，是用以贮佛像的皇家礼佛堂；应天门是紫微城的正南门，俗称五凤楼，是朝廷举行登基、改元、大赦、宴会等外朝大典的场所；九洲池荟萃了隋、唐、宋三个园林建筑艺术的精华，是宫城内的皇家园林……它们共同见证了中国历史上最辉煌也是最曲折的一段历史。

这些外观仿唐代风格的保护性建筑，旨在起到遗址保护与展示的双重功能。专业人士可以观察明堂的地基遗址、研究古代木造高层建筑的高度与承重，考证天堂的圆形建制与北京天坛祈年殿的传承关系，也可以探讨应天门上武则天称帝、唐高宗诏释百济扶余王、唐玄宗接见日本遣唐使的细节，或者比较对照李白、刘允济、范仲淹三人写的《明堂赋》……而普通市民和游客，懒得记忆那么多复杂的历史沿革，把这些地方简单理解成中国历史上唯一的女皇武则天办公、拜佛、典礼、闲逛的地方，只是美美地拍照也挺好。

气势恢宏的城门，古香古色的建筑，金碧辉煌的内部，亭台楼阁的花园……原先只能在影视中看到的、象征盛世辉煌的场景，如今能够让人穿着汉服置身其中，谁不想穿越时空、过一把当正剧主角的瘾呢？新未必不如旧，那些在真实遗址上建起的、带着今人理解与想象的建筑，让已经磨灭在旧时光里的痕迹又鲜活起来，不仅成为连接古今记忆的纽带，还兼具了城市新地标的功能。

流光溢彩九州池（郭慧军 摄）

火树银花合，星桥铁锁开。
暗尘随马去，明月逐人来。
游伎皆秾李，行歌尽落梅。
金吾不禁夜，玉漏莫相催。

——苏味道《正月十五夜》

这是一首描写武周时期神都洛阳元宵之夜的唐诗。因为这一天京城取消宵禁，连接洛水南岸的里坊区与洛北禁苑的天津桥、星津桥、黄道桥上的铁锁都被打开，任平民百姓通行赏灯。当时明灯错落、人潮汹涌，皎洁月色中，明艳的游姬们唱着歌……诗人记录下这一刻的风华盛况，希望留住时间。

1300 年后的今天，每天随着夜幕降临，天字轴线上的主体建筑定鼎门、天街、应天门、明堂、天堂、九洲池等都会依次亮起华灯，车水马龙、人声鼎沸。若是元宵节期间，应天门、九洲池内千余盏各式各样的花灯也会同时亮起，璀璨灯火照亮夜空，一时让人恍惚：淹没在时间中的盛唐风华又回来了吗？是，也不是。王朝已逝，回来的是这个时代特有的风华！即便是隋唐盛世，上元节夜晚灯火通明的热闹场景每年也只有一次，如今每晚都是火树银花不夜天。

兴建、恢复具有时代特色的古街古建只是形似，要想真正传递古城的魅力，还要摸索让千年沉淀的厚重文化看得见、摸得着、品得出味道，这并非易事。近年新建的综合性人文旅游观光区洛邑古城，集游、玩、吃、住、购于一体，以非遗文化百态为特色，在文化体验和传递方面都下了功夫。景区内既包括文峰塔、河南府文庙、金元古城墙遗址等原汁原味的真正历史遗存，也包括大量仿古建筑的商业店铺。藏身古街中的传统音乐、传统美术、传统医药、曲艺民俗等各种非物质文化遗产，可以让游客现场体验、直接互动，晚上还有3D实景灯光秀。这个免费的景区，一经建成就受到市民和游客的喜爱，成为夜游洛阳必去的打卡处。由此可见，城市说到底终归是人生活的地方，历史与传统存在的意义就是为当下和未来提供资源和养分。

历久弥新

虽说每个时代都会被历史长河的浪潮冲走，但也总有些什么作为历史遗产被留下，在时间的洗礼下愈发熠熠生辉。金谷园早已荡然无存，“石崇斗富”“绿珠坠楼”“金谷雅集”等往事却化作成语典故活在书里和人们的口中。细读千古名篇《滕王阁序》时，发现最后一句用的竟是“请洒潘江，各倾陆海”来结尾，敬请在座诸位嘉宾各展才华（因钟嵘《诗品》曾评价陆机才如海、潘岳才如江，“陆海潘江”用来形容宾客的文采）。不禁会心一笑：金谷园里的春光和人们，原来并没有走远啊！

如今洛阳火车站附近的一片区域也不知被谁命名为金谷园，甚至还有一个“春晴市场”。如此雅致的名字，每天却也人来人往，上演着杀鸡卖鱼、讨价还价的热闹场景。当年挥金如土的石崇见了，不知会不会向往这平凡踏实的市井生活。曾经轻拂洛浦两岸的秋风，如今被再现为沿洛河大堤长达16公里的“洛浦秋风园”。芳草夹岸，碧波轻扬，沿途包含十几个与洛阳历史相关的主题游园，移步换景，最适合休闲散步。当年荆棘中的铜驼不知所踪，取名“铜驼暮雨”的仿古文化创意美食街区也现身瀍河岸边，还立起了标志性的铜

瀛洲桥（张水利 摄）

驼像，每到夜晚，人声笑语、灯光摇曳。

莫悲金谷园中月，莫叹天津桥上春。
若学多情寻往事，人间何处不伤神。
——白居易《和友人洛中春感》

变化最大的应该是天津晓月。月还是那轮月，洛水之上却出现了包括天津桥遗址在内的十一座形态各异的长桥。有瀛洲桥、凌波桥、王城大桥、牡丹大桥、西苑桥、天街桥等，或壮观或优雅，如飞虹如卧龙，飞架洛河南北，每座桥都是一幅画。其中的瀛洲大桥是国内首座空间组合式倒三角抛物线拱圈桥，主桥拱的创意源于古典——形如弯月的主拱圈空间和八个连续拱圈实现九连拱组合，重现了“天津晓月”的胜景。让每一个从桥上经过的人，都由衷感叹古典文化元素与新潮科学技术的交融。

如开篇所言，洛阳的特色是“古”，但千年前的白居易已经警醒洛阳人：一味沉浸往事无益，徒然伤神耳。每个城市风格的展现，都有特定的文化作支撑，洛阳的支撑是十三朝古都厚重的历史沉淀。今年持续惊艳全国的《唐宫夜宴》《博物馆元宵奇妙夜》应天门穿越以及水下舞蹈《洛神水赋》，无一不是通过对传统文化的深入挖掘，点燃了观众对华夏文化的热情。这只是一个开端，洛阳这座古城有取之不尽的文化宝藏，努力挖掘历史蕴含的时代价值，必将产

洛阳体育博物馆（常立新 摄）

生无限可能，为城市的高质量发展注入蓬勃动力。

一代人有一代人的生活，21 世纪的洛阳出现了众多古今元素兼备、新旧和谐交融的景象，如同惊艳了令狐冲的美酒一样，既有新酒的清甜，又有陈酿的余韵。愿当下每个生活于此的人都能自在而自信，现代与传统各自相安，不同的人也能舒适相处……那么，这座城市的“古”，也可以称之为“历久弥新”。其中一个引人注目的体现，就是城市的新标签——东方博物馆之都。

也许是独特的文史资源熏陶了洛阳人爱收集、爱展示的性格，也许是这座城市本身就像一个没有围墙的、呈现古今的巨大博物馆，再加上当地政府的引导支持，不知不觉中，洛阳已形成了遍地博物馆的局面。截至 2021 年 5 月，全市共有通过资质审核的博物馆 102 家。因此，到洛阳即使不去知名景点，漫步寻常街巷也很有趣，景区、商场、居民区……不经意间就会偶遇各种各样的博物馆。

博物馆被看作一座城市的文化灵魂，是述说过去、影响未来的地方。洛阳博物馆、古墓博物馆、二里头博物馆这样声名在外的重量级大型博物馆自不必说，许多非国有博物馆也独具特色。金石文字博物馆、汉魏古城乡愁博物馆、百年留声博物馆、古瓷标本博物馆……光听名字就让人想进去一探究竟。这些民间博物馆收藏的内容包括三彩艺术、石画艺术、青铜艺术、军品、保险文化、留声机、饮食文化等十余个门类，绝大多数都是免费的。民间力量的加持让洛阳形成了主体多元、特色鲜明、富有活力的博物馆群，吸引着越来越多的人为看一座博物馆而来这座城市。

第二章

时间篇：若问古今兴废

烟愁雨啸黍华生，宫阙簪裳旧帝京。

若问古今兴废事，请君只看洛阳城。

——司马光《过故洛阳城》

这首诗作为洛阳的宣传语近几年被反复引用，用得太多已失去了新鲜感。尽管“帝京”“古今”“兴废”等用词过于宏大而显得空泛，我仍然每次都能读出感动来——毕竟写诗的是一生耿直严谨、编纂400万字《资治通鉴》的司马温公啊！主要精力用于修史和从政的司马光一向自嘲文采逊于学识，“至于属文，实非所长”，主张用平淡词句抒发真实性情。“若问古今兴废事，请君只看洛阳城”这句今日看来类似平铺直叙的广告词，并不是一时兴起的浮夸言辞，而是一个历史学家的由衷感叹，极其写实地道尽了这座古城的沧桑过往。

茨威格在《人类群星闪耀时》中总结说：“人世间数百万个闲暇的小时流逝过去，方始出现一个真正的历史性时刻。”司马光之所以认为要读懂历史就要去看洛阳城，就是因为这座长期站在历史中央的华夏古都，见证过太多中华民族“真正的历史性时刻”吧。风起于青萍之末，最近热播的古装剧给这座古都带来一波关注。然而，历史不是无根之萍，而是带线飞翔的风筝，可以超越所有想象御风而行，但通过线索必须能够落到实地。我们回望过去时，只能大致可见历史的风筝挟裹着时代的命运飞过一个个既知终点，却永远无法看清它具体的行进过程和全部真相。“煌煌祖宗业，永怀河洛间”（陆游《登城》），这是一座即使你看不懂或者不喜欢，也不能忽视它存在的城市。

天下之中：先秦时代的洛阳

“最早的中国”“宅兹中国”“何以中国”都是近来中华文明探源中常出现的热词，是21世纪的我们对中国和中华文明起源的追问。“中国”一词最早的本意为中央之城邦，这个所谓的“天下之中”，被考古遗迹、出土文物、史书记载等共同指向一个地方——洛阳，华夏文明的曙光最早绽放的地方。

先秦时代被称为中国的青铜时代。虽然三星堆等长江流域的灿烂文明不断有惊天发现，但在被证实与现代中华文明的关联性之前，黄河流域仍被视为中华文明的起源。有确切文字记载的4000年历史中，中国最早期王朝的活动范围主要集中在洛阳盆地的伊、洛之间。

洛阳盆地是黄河中游以南，洛水附近的一片区域，处于黄土高原的东南缘，是一个总面积逾1000平方公里、被群山环绕的椭圆形。从西向东依次是崤山、熊耳山、伏牛山、箕山、嵩山，还有北面黄河前面横贯东西的邙山丘陵。这片土地被群山小心翼翼地守护着，正所谓“河山拱戴，形势甲于天下”。“洛阳”这个名称来源于洛水之滨、山南水北为阳的传统。伊河、洛河两条大河在盆地东部汇合后流入黄河，这样的地理条件自古被称为“三川”。秦灭东周后，洛阳一带被命名为三川郡，设洛阳县和河南县，这是“洛阳”及“河南”两个词作为行政地名正式出现的最早记录。

二里头夏都遗址博物馆（常立新 摄）

帝王始兴，各起河洛

洛阳盆地内部地势东高西低，水系环绕。大小河流呈扇形均匀辐射，众多“河汭”地貌形成适合人类居住的聚落。盘古开天辟地、女娲造人、有巢氏筑木为巢、燧人氏钻木取火、伏羲驯兽为畜、炎黄大战蚩尤……河洛地区流传着各种创世传说，曲折地诉说着人最初在天地间衍生的故事。

以现在洛阳行政地理空间一带为中心的河洛地区是中原地域的核心所在，上古时期被视为“中华（诸夏、华夏）”、周边为“四夷（蛮、夷、戎、狄）”。《易·乾凿度》所说的“帝王始兴，各起河洛”，表明中国三千年王朝史是从这里展开的。迄今为止的众多史料、古文献都将华夏王朝文明的起源指向洛阳一带，明确记载河洛地区与三代文明发展密切相关，文明渊源、国家兴起、王都规制等，都可以从这里找到答案。

最近，带有神秘色彩的三星堆考古新发现，再次引发人们对三星堆和二里头遗迹关系的关注。事实上，考古已探明位于伊、洛之间的二里头遗址距今

3700 多年，是迄今发现的东亚地区规模最大的中心聚落，对三星堆文化有显著的辐射影响。二里头遗址总面积约 375 万平方米，规模宏大，内部设施完备。目前已发现大规模的宫殿建筑群和宫城，出土了较为先进的青铜生产工具和具有较高等级的礼器及雏形文字（或符号），这些都是人类迈入文明阶段的标志。因为二里头已经完全具备了都邑性质、呈现出明显的“王朝气象”，被考古学界认定很可能为夏代后期的都邑性遗址，并被直接称为“最早的中国”。

除了疑似夏都的二里头，约 6 公里外的偃师尸乡沟商城遗址也被发现，此外还有郑州二里岗商城遗址、最新发现的河洛古国等。都邑遗址如此集中地出现在洛阳盆地中心这片不算太大的范围内，证明了这片土地在中华文明起源中不可或缺的地位。夏商周断代工程的首席专家李学勤指出：“历史文献和考古成果的研究分析表明，我们的先人摆脱原始野蛮的状态，真正开始进入文明时期，正是在中原地区。”考古科学为“帝王始兴，各起河洛”做了生动的注释。

周之道，成于此

青铜时代自有用青铜铸造出的宝贵历史，那就是青铜铭文。出土于陕西宝鸡的西周初年青铜器“何尊”之所以重要，在于其铜尊内胆底部有一篇 12 行、共 122 字的铭文，记载了周成王营建洛邑的史实。

大约在距今 3000 年前，西周开始经营新都洛邑，迁九鼎入洛。“营洛大事、非一时所能”，这样的行动实际上是在进行着一种选择，一种向中心靠拢、接受更高水准文明的选择。何尊铭文中最为石破天惊之处是出现了“宅兹中国”字样，这是“中国”一词迄今发现的最早来源。当时这个词仅指伊洛之间的洛邑，被镌刻于方寸之间，深埋于地下。那时的人们可能怎么也想象不到，“中国”二字会成为 960 万平方公里土地共同的名字，被每个中华儿女珍重地铭记在心头！

作为今日洛阳的都市雏形，洛邑不同于自然形成的聚落和城邑，它的特

洛阳周公庙（于占豪 摄）

殊在于，诞生于鲜明的理念，从选址、定位，到建造、使用，每一步都有周密规划和详细记录。周武王“营周居于洛邑”，出于一个明确的目的——结束战争，取得长久的天下太平（《史记·周本纪》“偃干戈，振兵释旅：示天下不复用也”），洛阳偃师区的名称也来源于此。武王圈定的只是一个大致方位，真正将这个构想蓝图具体付诸实施的是其子周成王，他慎重地命令周公和召公数次以占卜问天的形式，确定修建新都的准确位置。

在每一个字都如同金子般珍贵而稀少的古文献世界里，有《作洛》《召诰》《洛诰》等众多文章通篇聚焦营造洛邑的整个过程，洛阳何其幸运和荣耀！古今中外的千年古都不少，能在如此早的历史中留下如此丰富记录的，唯有洛阳。

这些文字如同 3000 年前的古人留给现代人的一封信，讲述营建洛邑的点点滴滴。这座城从畅想规划到定位兴建，历经两代天子，凝聚周公、召公以及无数人的心血和汗水。尤其是对位置的执着，多次占卜、反复论证才得以确定，建成后周王朝立即昭告天下："此天下之中，四方入贡道里均。"新城以"成周"命名，本身就蕴含"周之道成于此"的愿望寄托，不仅祭祀的太庙，连国家的最高象征九鼎也被移至此地。被至圣先师孔子当作精神导师的周公旦则殚精竭虑地制礼作乐，"周公吐哺、天下归心"就发生在这里，他创建的礼乐制度成为后世儒家思想的核心基础。

当人们的视野已扩展至无限的宇宙时，很难理解古人对天下之中的执着和热衷。然而，在认知能力极其有限的古代，人类痛感自身力量的弱小，只能把希望与命运都寄托给人力所达不到的神之领域——天。西周统治者占卜问天后在"天地之中"的位置建造洛邑，相当于给这座城市打上了一个特殊的烙印，成为洛阳文化形象的一层难以磨灭的固定底色。

"天下之中"的余韵

西周为了显示政权的正当性和正统性，通过占卜的形式确认"天下之中"的行为本身就带有神秘色彩；又刻意按照礼制思想营建洛邑王城的规制，让洛阳这座城市自诞生伊始就被赋予了政治和文化的双重内涵，成为后世理想王都的典范。

事实上，把当时的洛邑当作天下之中，并非毫无根据。洛邑在盆地内广袤的平原上，地势平坦开阔，交通便利。温暖的气候，丰富的水系保证了物产丰茂，能够养活密集的人口。相对封闭的自然环境显然也有利于军事防卫。另外，当时的洛阳地域是东南西北不同地理，生态环境的交汇之处，体现过渡性特征的多重边缘效应。考古发现粟米与稻米并存的遗迹，为这种说法提供了有力证据，这样的生态环境应该持续了相当长的时间。汉代桓宽在《盐铁论・轻重》中有这样的描述："中国，天地之中，阴阳之际也。日月经其南，斗极出其北，含众和之气，产育庶物。"北宋《洛阳名园记》中记载，珍稀花木种植困难，唯独在洛阳可以生长得和故土一样，也间接证明洛阳风土具有很强的环境承载力。

西周经营洛邑，无疑是意识到洛阳相对位于中央的地理位置，建立新据点以弥补镐京偏居西隅的不足。借用占卜的形式反映天意，按照天意认定天下的中心，在那里营造都城，并让这一系列的运作都形成文字保留下来，甚至铭刻在青铜器上。反复强调“地中”“土中”“中国”，这一系列操作的政治意图显而易见，就是营造“天子居中国，受天命，治天下”的氛围，向世人灌输自己的政权符合天道。

古代的王者选择天下之中立国，让“尚中思想”成为中国社会的一个基本思维模式。洛阳天下之中的地位以及附带而来的王朝正统性观念几乎成为各个朝代主流思想的通识，让定都洛阳成为一种惯性。西周覆灭后，周平王东迁洛邑，史称东周。东周时期王朝实际控制的地方仅有王城附近一带，所谓“礼崩乐坏、诸侯争霸”，直接被称为春秋战国时代。事实上，正是因为不同于统一王朝的高度中央集权，东周时代才成为一个诸子思想百花齐放、列国生产力高度发达的黄金时代。东周王朝在风雨飘摇中还能持续500多年，洛阳作为“天下之中”的地望之力不可忽视。因此，整个封建王朝史中，洛阳的都城史（包括陪都在内）长达1600年，即便在文化、政治、经济、交通等现实情况已经不再具有优势时，每次改朝换代，洛阳也仍在考虑之列。

洛阳博物馆的河图洛书示意图（李炜 摄）

“洛阳”二字本身成为“都城”的别称则是由此带来的附加效应，这一点在日本体现得最为突出。京都别名洛阳，沿用至今。明治维新，日本迁都江户引起轩然大波，诗人大沼枕山作的汉诗《东京词》里写到“东京自此洛阳似，道里均平天地中”。在洛阳落寞已久、整个日本意气风发意欲“脱亚入欧”的19世纪，日本人仍然有意识地将日本的国都与洛阳相提并论地做比较。

混沌的打破，宇宙的开辟，必然伴随着空间的产生和方位的描述，需要一个原点。西周在营造洛邑的同时，强调的“天下之中”即是一个原点，一个具有唯一性的特殊位置，营造了中央凌驾于四方之上的观念。上古传说中的河图洛书也出于黄河、洛水交汇的洛阳，其结构也是中心与四方的关系，呈现方位与中心之间对立统一的辩证关系，后世的太极八卦、易经五行等思想都衍生于此。创世神话、河图洛书、国都立于天下之中等都长久地影响着中国社会。洛阳这片并不算宏大的土地上集中了如此多的原点性文化元素，不得不说是一件耐人寻味的事。

礼制之美：两汉时代的洛阳

秦统一六国后将全国划分为36郡，洛阳一带设三川郡，其中成周城设洛阳县治，王城设河南县治。公元前206年，被秦王朝短暂统一的天下再次分崩离析，前后历400余年的汉王朝继秦而兴。“汉”不仅仅是中国第一个强盛统一王朝的专有称号，除了原称华夏或诸夏的中原居民都因汉王朝而得名“汉人”以外，“汉字”“汉语”“汉族”等都作为象征中国的含义沿用至今。

两汉时期，洛阳在政治、经济、文化方面的中心地位没有改变，城市标签在“天下之中”的基础上又加入“礼制之美”的道德元素。这个过程的萌芽初起于西周，在此后的几个时代得到积累与完善，最终完成于东汉。如果说先秦时代洛阳成为“天下之中”的象征主要是政治赋予的，那么两汉时代，是政治与文学作品共塑造了洛阳“礼仪之美”的形象。

不为都畿，亦为重地

两汉时期基本延续秦的郡县框架，西汉时，此地区东部为以洛阳为中心的河南郡，西部属弘农郡；东汉时，河南郡改为河南尹，辖区不变。此后直到清朝的两千多年时间里，“河南郡”“河南尹”或者“河南府”都特指以洛阳为中心的地区。

航拍汉魏故城遗址（张水利 摄）

秦王政曾以河南、洛阳十万户封相国吕不韦为文信侯。《史记索隐》说吕不韦及其宾客数千人共葬于洛阳北邙山，而明清《偃师县志》的各种版本，都称吕不韦墓在首阳山镇大冢头村。无论吕不韦的墓葬具体在洛阳的什么位置，至少可以基本确定，秦亡后项羽封的河南王申阳，以及楚汉战争结束后停留在洛阳的刘邦，使用的建筑官邸多为成周城一带吕不韦封地的建筑群。

虽然关于此时洛阳的都市面貌没有留下具体记载，但史书中一些细微枝节却可以给人以联想的线索。比如刘邦经过曲逆这个地方时，登城眺望，看到宏大壮观的建筑景象时，感慨说："壮哉县！吾行天下，独见洛阳与是耳"。

眼前的景观能让刘邦立即联想到洛阳，可见洛阳曾给他留下过极深刻的印象，或者说洛阳这个地方一直存在于他的潜意识里。所以当刘邦战胜项羽、天下大定后，立刻"都洛阳"。 汉高祖著名的用人之论"夫运筹策帷帐之中，决胜于千里之外，吾不如子房。镇国家，抚百姓，给馈饷，不绝粮道，吾不如萧何。连百万之军，战必胜，攻必取，吾不如韩信。此三者，皆人杰也，吾能用之，此吾所以取天下也"（《史记 · 高祖本纪》），就是"置酒洛阳南宫"时，由天下得失的话题引发的。

刘邦想以洛阳为都并且在这里长期安定下来，对这个城市的偏爱与重视显而易见，但是娄敬、张良等人对洛阳和长安的优劣分析，还是让他清醒地做出移都长安的选择。意味深长的是，在给刘氏子弟和异姓诸侯分封土地时，刘邦还是把洛阳牢牢地掌控在自己手里，并未分封出去。这种不把洛阳分封给任何人，而是以“直辖”方式控制的做法，似乎成了西汉的一个政治传统。

汉武帝宠妃重病垂危时，请求封其子为王、立国于洛阳，武帝答曰：“雒阳有武库、敖仓，天下冲阸，汉国之大都也。先帝以来，无子王于洛阳。去雒阳，余尽可。”（《史记·三王世家》）意为哪里都可以给他封地，唯独洛阳不行。因为洛阳是天下咽喉，国之大都，自高祖起就有不能在此地封立诸侯的传统，明确表明西汉王朝对洛阳的态度。两汉四百年间，洛阳作为拱卫关中的重要门户和经济要地，一直有着“不为都畿，亦为重地”的特殊地位。

都邑赋中的洛阳书写

公元 25 年，刘秀开创的东汉王朝定都洛阳，在北依邙山，南近洛水之地，沿用周王城的旧址营建新城。东汉洛阳城据《帝王世纪》等记载“城东西六里十一步，南北九里一百步”，因而得名“九六城”的俗称。遗址位于今洛阳市东，考古探明基本与记载相符，与《周礼·考工记》的规格几乎一致。

王国维提出过一个很有影响的说法：“凡一代有一代之文学。楚之骚、汉之赋、六代之骈语、唐之诗、宋之词、元之曲，皆所谓‘一代之文学’，而后世莫能继焉者也。”（《宋元戏曲史·序》）意为一种文体的嬗变趋势是始盛终衰，每个时代都有最能代表其时代精神的文体。半文半诗的汉代大赋，是两汉四百年间的主要文学体裁，“洛阳”则是东汉文学集中书写的一个主要形象。

汉代都邑赋的代表作有班固的《两都赋》、张衡的《二京赋》，还有傅毅的《洛都赋》《反都赋》，杜笃的《论都赋》等也流传下来了部分篇章。这些文学作品聚焦了洛阳的历史、地形、城建、风俗等方方面面，为当时洛阳城留下一幅幅时代剪影。

初雪瑶光殿（郭慧军 摄）

以《两都赋》为例，这篇被天下文章的典范《文选》置为开卷之首的大赋，体制宏大、语言华丽，以登场人物西都宾客和东都主人的宾主对话，比较长安和洛阳东西二都的优劣。作者先为读者描绘出一个宫宇巍峨、庭院奢丽的豪华帝都形象，表面盛赞长安都市风貌，随即便以一句“痛乎风俗之移人也”，整个否定了《西都赋》。强调对“穷奢而极侈”的否定态度，借东都主人之口，讽刺西都宾客只知“矜夸馆室，保界河山”，而忘记了光武帝重振汉室的根本所在。

文章以东都的简约之德、礼仪之美来否定西都的奢侈无道，笑西都宾客之类的人只知道学秦始皇大兴土木、追求奢豪，却不知洛阳礼乐制度之美；只知道函谷关险峻可以拒敌，却不知古代帝王以天下为一家。再次点明主旨，也照应了“痛乎风俗之移人也”之句。最终西都宾客心服口服，以承认“小子狂简，不知所裁，既闻正道，请终身而诵之”结尾。东都的礼制道德，完胜西都的奢华无度，赢得这场关于都邑之争的胜利。

“礼”包括人的行为准则、道德规范、尊卑秩序以及礼仪规矩等，与道德、教化的普及密切关联，是有温情的教化而不是武力的强制。一系列都邑赋将东汉时的洛阳描述为符合礼制王道之城，这也成为以后历代帝王定都洛阳时的一种自我定位或者标榜。都邑赋的广为传诵，成功地塑造了“礼制之美”的洛阳形象，特别是汉和帝时被称为“蔡侯纸”的发明，大大加速了文化的传播和影响。后世左思仿照《两都赋》作的《三都赋》甚至因为传抄太多而留下“洛阳纸贵”的成语。

风化之美

夹在彪悍的西汉与三国时代之间的东汉，因为缺少大的军事战争与政治动荡而显得不温不火，在历史上似乎存在感不强。事实上，正是这段略显平淡时期，文教科技大放异彩，佛教也开始蓬勃萌生。洛阳地势相对平坦，军事防御不如长安、平城坚固，但在文治天下时，有利于将文化道德的影响力呈放射状地辐射至四面八方。

礼乐制度中的“礼”为天地阴阳之秩序，“乐”为取得和谐，意思是强调道德教化的功效。《两都赋》的重要价值在于提出了一个全新的标准来衡量秦与汉（实为西汉与东汉）的优劣，用现在的话语来说，即开始重视文化软实力的力量。能够风靡世间的文学作品，其背后必然有深层次的历史渊源与现实因素。时代发展到汉代，天与政治的关系已经由天命说的神权政治向君权政治演变，所谓的天人合一说正是对道德社会秩序的要求，反映出执政者开始有了仁德意识。西汉总体来说推崇武治，以扩大领土、抵御外敌为功绩，而东汉则试图真正开始通过“崇文尚德”的礼仪教化进行文治。

曾经是太学生的光武帝刘秀多次表明“吾理天下，亦欲以柔道行之”（《后汉书·光武帝纪》）。东汉的基本国策是“偃武修文”，初期几代皇帝都“雅好读书”，使众多经师大儒汇聚在首都，自上而下，最先在洛阳形成氛围浓厚的研修儒学之风。刘秀定都后，除了修建宗庙、祭祀之处以外，最大的举措就是兴建太学以及明堂、辟雍、灵台等礼制建筑。“明堂所以祀上帝，灵台所以观天文，辟雍所以修礼乐，太学所以集儒林”，这些都是礼乐制度中最重要、最具有象征意义的组成部分，让洛阳成为名副其实的具备礼制功能的都市。

汉武帝“独尊儒术”的时候，最多也不过“置博士五十人”而已的太学，

洛阳博物馆（常立新 摄）

到东汉质帝年间，儒生曾一度达到三万多人。东汉太学，成为全国最大的人才、学术和思想中心。地方学校、私人讲学之风也很盛行，“教授门徒常千人”也是常见的事，连大文豪苏东坡也赞叹“学莫盛于东汉”（《南安军学记》）。

东汉统治阶级对于礼制与教化的重视及一系列的举措，形成崇尚学问、重视道德的世风。“教立于上，俗成于下”，最高统治者重视文德的理念、教育的普及，文人名士聚集，礼乐之风盛行，最终使儒学的价值观和道德规范意识以洛阳为中心扩散开来，对整个东汉世风的形成起到引领作用。东汉士人受到儒家正统思想哺育而成长，在感情上以维护巩固这个政权为自己的职责，以尽忠于皇帝、尽忠于社稷为理想品格。后世史学家评价历代世风时，司马光说“自三代既亡，风化之美，未有若东汉之盛者也”（《资治通鉴》卷六十八）；顾炎武说“风俗之淳美，无尚于东京者”（《日知录》两汉风俗）；梁启超则评价这个时代说“儒学最盛时代，收孔教之良果。尚气节，崇廉耻，风俗称最美”。

东汉末年，皇帝年幼、朝政混乱，乱世中群雄并起，“挟天子”就能“令诸侯”，这与当时重礼乐、尚名节道德的世风有关。枭雄曹操也只能以周公自比，感叹：“若天命在吾，吾为周文王矣。”终其一生都顾及名节而以汉臣自居，未敢越礼称帝。

日本学者大室干雄在其著作《桃园之梦——古代中国的反剧场都市》中谈到，从汉和帝开始已经衰落的东汉政权之所以能够维持了一个世纪，原因在于这洛阳是被维持圣俗的特殊构造守护着的城市——天子是住在洛阳的，是被都市洛阳守护的天子。我认为，他提出的这个所谓的“维持圣俗的特殊构造”，除了前文所说的“天下之中”的光环以外，另一个原因在于东汉士人对礼制的尊崇，对名节的看重，也就是顾炎武所论的“所以倾而未颓、决而未溃，皆仁人君子心力之为”。东汉的重礼仪、尚名节为后世所向往，这种崇尚道德名节的风骨，成为一种重要的价值观始终影响着中国知识分子，使历史上前仆后继地出现了无数“留取丹心照汗青”的人物。

融合之始：魏晋南北朝时代的洛阳

魏晋南北朝时代（220—589）夹在汉和隋唐这两个伟大时代之间，经历了三国鼎立、异族入侵、佛教传来、南北分裂等重大变革。从社会秩序和统一王朝的角度来看，各种势力割据，近400年间有30多个政权频繁交替，这确实是一个长期分裂、动荡的黑暗时代。但是，正因为打破了专制，思想和文化也从大一统王朝的桎梏中解放出来，爆发出惊人的力量。

具有历史和文化磁场的洛阳几番兴废，似乎成了这股文化力量的源头。作为东汉国都，洛阳遭受到最严重的战争破坏。但是，破坏得越彻底，重建得就越壮观，洛阳城如同不死鸟一般几度浴火重生，新生的过程，正是文化融合再生的过程。

洛阳宫室尽烧焚

东汉时期洛阳的繁华胜景被形容为“京邑翼翼，四方所视”（《两京赋》），然而这座被王朝苦心经营、礼制建筑林立的都城，于165年被董卓烧成二百里内的一片焦土，几乎全城倾覆。洛阳城的毁灭不仅象征着东汉王朝的崩溃，同时也在《三国演义》中成为曹操讨伐董卓的最有力的理由：“焚烧宫室，劫迁天子，海内震动，不知所归，此天亡之时也。”三国时代的帷幕就此拉开。

董卓之乱使洛阳这个冠盖络绎、宫殿嵯峨的首善之区，变成满地荆棘、破败不堪，待献帝逃出长安又回到洛阳时，被眼前宫室烧尽、街陌荒芜、百官披荆棘而立的景象惊呆了。直到建安十六年（211），曹植在邙山上俯视洛阳城的残破时仍痛心不已。

同样是面对满城的废墟残垣，一代枭雄曹操却没有时间伤感。刚经历了汉中之战，损失惨重，不仅大将夏侯渊死于定军山，得陇望蜀的战略计划也受到挫败。然而曹操撤军回到中原并没有消沉不振，而是执意回到自己的人生起点洛阳，以政治家特有的远见，重建洛阳城。他选择从复原洛阳北部尉官署着手，并住在那里亲自规划新城建设。曹操临终前下令修筑宫殿，并寓意深远地命名为建始殿，直至病逝于洛阳的前一刻，都在为开启一个新的时代做准备——如他所愿，他拼尽最后一丝力气真的让洛阳又重新焕发生机，之后的魏、晋皆定都于此，全国重归统一，还迎来了太康盛世。

魏晋玄风

经过魏、晋合计近百年间的营造，洛阳昔日旧观多有恢复，城市规模日益壮观，作为都城的繁华再度重现。但频繁的战乱与多变的政局使得人人自危，提倡自然无为的老庄思想开始深入人心。人们崇尚贵生、避世，承袭东汉清议的风气，在文化中心洛阳形成清谈之风。

名士们从两汉烦琐的经学中解放出来，以何晏、王弼为首，研究幽深玄远问题成为一种特定的哲学思潮，《老子》《庄子》和《易经》被称为“三玄”，形成玄学。与经学的烦琐、三纲五常的陈腐形成鲜明对比，玄学以立言玄妙，行事雅远为尚，“一时名士风流，盛于洛下，乃其弃经典而尚老、庄，蔑礼法而崇放达”（《日知录》）。

以汤用彤为代表的学者认为，魏晋玄学是一种“玄远之学”，主要表现为用道家的贵无理论来重释儒家经典，是中国哲学史上第一次企图把儒道两家结合起来的极有意义的哲学尝试。玄学的出现彻底推翻了儒学思想的主导地位，大大提高了老庄思想的地位和受众范围，儒道两种思想开始在平等地位上互相影响、融会贯通，为此后接受佛教思想打下基础。

朝阳不再盛，白日忽西幽。
去此若俯仰，如何似九秋。
人生若尘露，天道邈悠悠。

——阮籍《咏怀》

玄学不仅作为学术思想在魏晋时期形成并盛行开来，还影响了社会风气和世人的生活态度。人们的思想和天性得到解放，对自然的爱好崇尚使得世人的人生态度较以往的时代来说更为开阔通透，把追求思想上的超脱和形迹上的放达，作为追求的人生境界。“建安七子”“金谷二十四友”“竹林七贤”等文人名士都曾聚集在京师洛阳，上演了众多任情任性的行为轶事：“三曹”父子的功过霸业以及《龟虽寿》《洛神赋》等锦绣诗文流传千古；丰姿俊美的潘安在洛阳陌上被围观，掷果赢车；孤高傲岸的阮籍根据好恶随时切换青眼与白眼；洛阳城外柳树下打铁的嵇康，上东门外弹一曲《广陵散》绝唱后从容赴死；嗜酒如命的刘伶幕天席地、一醉到底……

洛阳老城阮籍故居（常立新 摄）

玄妙哲学、俊逸风度、自然的情感伴随着跌宕起伏的时局，造就了魏晋近百年虽短暂却丰饶的时代，形成这个时期特有的“魏晋风度”。鲁迅先生称魏晋风度为药与酒、姿容、神韵，李泽厚补充说还必须加上华丽好看的文采辞章，冯友兰则总结魏晋的思潮及所倡导的人生态度为“玄心、洞见、妙赏、深情”。

到东汉为止，洛阳曾是儒学基础

最好、礼教氛围最为浓厚的地方，而在政局多变的魏晋时代，作为政治斗争最激烈、王权专制最残酷的都城，又是最能感受人生变化无常、时事险恶之地。对比与落差最强烈的地方往往容易产生最深刻的反思和思考，魏晋玄学的发源，很大程度上源于洛阳的儒学环境基础以及汉末留下的清议之风；魏晋风度的形成，也离不开精英荟萃的都城政治和人文环境。可以说玄学本身就是被洛阳这片土地的文化渊源和环境所催发，是儒道两大思想冲突、排斥与调和的结果。

衣冠南渡

晋皇室诸王围绕皇位继承引起的“八王之乱”导致社会经济严重破坏，西晋统治集团的力量消耗殆尽，最终引发少数民族入侵中原。但从另一个角度来说，玄学的盛行开启清谈之风，致使空虚颓废的消极思想成为社会主流。知识分子放浪形骸，官僚士人也空谈务虚，虚无的思想和怪诞的行为加剧了政治与社会的混乱，客观上给异族入侵提供了机会。

永嘉五年（311），洛阳被攻破，怀帝被俘，太子、宗室、官兵、百姓三万余人被杀，宫殿陵墓又一次被焚毁殆尽，魏晋在废墟上营造起来的洛阳城再遭涂炭，令史家感叹：“异哉，晋氏之有天下也！自雒阳荡覆，衣冠南渡，江左侨立州县，不存桑梓。”（刘知幾《史通・邑里》）。

洛阳的失陷标志着中原再次陷入动荡，中原进入少数民族政权频繁交替的五胡十六国时代。西晋统治者带着部分士族大臣从京师洛阳南渡，在建康（今南京）定都，建立东晋政权，大量中原人士为避战乱从中原迁往长江中下游，历史将这一人口大移动称为“衣冠南渡”。所谓“衣冠”，象征的是文明。这一时期江南的政治经济、农业水利、文化艺术等几乎所有领域都得到飞跃性进步，促进了长江中下游经济的发展。自此，中国古代经济中心开始迁往南方，为以后中国长期存在的南北对峙打下了物质和文化基础。

西晋时期北边众多游牧民族内迁，盘踞中原形成势力，趁“八王之乱”国力衰弱之际，陆续各自建立国家。五胡乱华主要指的是匈奴、鲜卑、羯、

洛阳客家之源纪念馆（常立新 摄）

羌、氐五个胡人的游牧部落联盟进入中原的百余年间。北方各族（包括汉人）在华北地区建立数十个强弱不等、大小各异的国家，总称五胡十六国时期，与南方汉人政权长期对峙。

连年的战乱使洛阳已近废墟，特别是经过前赵刘曜的掠夺焚毁，已经完全失去了首都的功能，但是由于其象征意义，仍然成为各方势力争夺的对象。胡族与汉族之间存在着复杂的意识和感情：汉族因文化上的优越感而对胡族有蔑视感，同时又因为战败亡国而有耻辱和恐惧感；另一方面，胡族对汉族有军事上的优越感，文化上的劣等感，并因以前曾被汉族压迫、排斥而怀有强烈的反抗心理。

在这种复杂的意识形态下，作为前朝旧都，同时兼有“天地之中”和“礼制之美”象征意义的洛阳，对于胡汉两方来说都意义深重。放弃洛阳不管就相当于“废神州于龙漠，令五尺之童掩口而叹息”（《晋书·桓温传》），所以尽管东晋政权有长江作天然屏障，明明已经适应并享受新的环境和生活，也不敢放弃收复北方领土的观念。从东晋的谢玄、刘裕，到南朝宋的到彦之，再到梁的陈庆之等武将，都曾经短暂收复过洛阳，每次都引起迁都的议论。桓温十余次上表要求进军黄河，还都洛阳，留下有名的《请还都洛阳疏》。对此，孙绰作《谏移都洛阳疏》，哀帝司马丕作《答桓温请还都洛阳诏》，都显示出东晋朝廷面对故都的矛盾情绪。

迁都洛阳

最终统一华北的是鲜卑族，待北魏的天下稍安，高祖孝文帝拓跋宏立即将目光锁定已千疮百孔的洛阳，开始筹划迁都。太和十七年（493），孝文帝不顾很多人的反对，强行迁都洛阳，并执行了一系列汉化政策，无比坚定地向世间宣布他要带领子民完全汉化的决心。

孝文帝对鲜卑旧俗的改革彻底到几近无情的地步，不仅命令全族舍弃旧姓，还带头给自己改名“元宏”，让移居洛阳的鲜卑贵族统统以洛阳作为原籍，去世后不准回葬，必须埋在洛阳周边。以近乎决绝的姿态试图割断与“胡”的所有联系，通过以洛阳为故乡的行为，表明进入正统“中国”的决心。

这些汉化措施大大加速了民族融合，使北魏这个原本的北方少数民族政权，衍生出正宗汉王朝的风貌。经过 30 年，向中原迁移的北魏鲜卑民族基本完成了全盘汉化的过程而以正统中国自居了。至此，黄河流域的众多民族在共同的经济基础和思想基础上，互相影响，逐渐融合成一个新民族，为中国带来新的气象，洛阳成为民族大融合中的标志性存在。

魏宣武帝于 501 年，以五万余人大举扩建洛阳城，在旧城内修筑 323 个里坊，并在城周围造东西 20 里、南北 15 里的外郭，使其成为当时世界上最大的都城。一直持续到 534 年北魏灭亡，这期间洛阳的城市面貌达到前所未有的辉煌程度，《洛阳伽蓝记》详尽记录了西域佛教和中原文化交融的盛况。

这个时代的洛阳城，如同一个大熔炉，被铸入各种文化元素，不同思想、不同民族、不同宗教前所未有地激烈碰撞融合，300 年大火熊熊不熄，产生出影响深远的融合共生效应，在洛阳出土的大量北魏文物上都有体现。例如汉服陶俑、牛车陶俑等作为实证文物在洛阳博物馆策划的“拓跋鲜卑与华夏文明的交融”展上展出。从中可见，鲜卑人迁都洛阳后受中原习俗影响，彻底改窄衣小袖的胡服为宽袍大袖的汉服，穿得越来越轻薄舒展，同时，出行工具也从马车换成了牛车，只有牛车车顶还明显存留着北方游牧民族的特征。柳诒徵用了“新陈代谢、相磨相镞”来形容这个时代，武内义雄则认为“中国中世哲学的特征是儒释道三教在保持交涉中不断变化”，并把这一时代称为“三教交涉的时代”。融合是与变动同时存在的，以洛阳为中心，形成融会贯通的时代大趋势，贯穿了整个魏晋南北朝时代。

归心之地：隋唐时期的洛阳

经过漫长分裂时期，中国终于又迎来了强盛的统一王朝，始于魏晋南北朝时代的思想、民族、宗教等种种元素的融合交汇，赋予了中国文化的新生。洛阳作为隋唐时代最重要的城市之一，见证中华文明迎来一个绚烂光彩的全盛时期，同时也与隋唐王朝共同经历了三百年间的风雨浮沉。

诗歌作为一种个体视角多向性的叙事，其传统始自《诗经》，到唐代发展到极盛，诗人辈出，佳作无数。浩如烟海的唐诗中，对洛阳这个地方表现出格外的偏爱，关注程度完全不亚于唐朝政治中心长安。透过唐诗中的洛阳书写，我们可以看到洛阳逐渐成为寄托乡愁的归心之地的过程。

从东都到神都

隋朝统一天下后，第二代皇帝隋炀帝（604—616）为加强对关东地区（山海关以东）的控制，决心复兴因战争而荒废的古都洛阳，以提高帝国接受四方贡赋税收的效率。隋于大业元年（605）开始营建洛阳城作为东京，设计者是曾设计大兴城的宇文恺。新都的建筑规模比大兴城略小，宫城、皇城的位置选择在郭城西北地势高亢的地方，在安全防御方面远甚于大兴城。形制与平面布局仍由宫城、皇城和郭城组成，同样采取整齐的里坊制度。

上阳宫秋色（常立新 摄）

新城位于汉、魏洛阳城西约10公里处，北依祁山，南对龙门，东逾瀍河，西临涧水，洛水贯穿其间。据《隋书·食货志》记载："始建东都，以尚书令杨素为营作大监，每月役丁二百万人。"尽管工程浩大，但隋炀帝驱使大量人力，仅用十个月就建起了新城。宇文恺"揣帝心在宏侈，于是东京制度穷极壮丽"，因地制宜，让洛水由西向东穿城而过。李吉甫在《元和郡县图志·河南道》对新城的评价是："北据邙山，南直伊阙之口，洛水贯都，有河汉之象。"隋炀帝对新都洛阳十分满意，亲自作了"洛阳城边朝日晖，天渊池前春燕归"（《四时白紵歌二首·东宫春》）等多首体现洛阳风貌的诗。

在修城的同时，605年，隋炀帝在洛阳城西9公里处，"发河南诸郡男女百余万，开通济梁，自西苑引榖、洛水达于河，自汳渚引河通于淮"，动员100余万人力开始修建长达1000多公里的大运河。608年，隋炀帝又沿洛阳东北方向开凿永济渠，沟通沁河、淇水、卫河，通航至天津。610年，开凿江南运河，使得镇江至绍兴段通航，至此，总长2700公里的中国隋唐大运河全线贯通。大运河连接华北与江南，沟通海河、黄河、淮河、长江、钱塘江五大水系，是中国古代最早的南北交通大动脉，洛阳也因此成为全国水陆交通的中心。

唐代洛阳的城市规制与隋没有太大变化，作为东都一直沿用至北宋末年。唐太宗时改称洛阳为“洛阳宫”，高宗显庆二年（657）又恢复东都称号。唐睿宗文明元年（684），临朝称制的武则天为了抬高洛阳的地位，使之凌驾于长安之上，改东都洛阳为“神都”，皇宫名也改称太初，无疑是借助洛阳展开她的政治蓝图，有一切从头开始的之意。武则天于垂拱四年（688）在洛阳加尊号“圣母神皇”，次年改唐为周，以神都洛阳为首都，迁徙关内十余万户于洛阳安置。为寓意“天人合一”，在城市的中轴线上建起南北纵贯的七个建筑分别对应天上的七个星座，依次命名为：天阙（伊阙）、天街、天门（应天门）、天津（天津桥）、天枢、天宫、天堂。神都时代的洛阳城威严有序，气势磅礴，是洛城史上最辉煌华丽的时期。

隋唐时代，唐代皇帝居洛时间应有 60 余年，与长安并列为东西两京，成为士人心中王朝与国家的象征。可惜 755 年爆发的安史之乱让洛阳城再次陷入战火，虽然其间还短暂地充当了安禄山大燕帝国的国都，但城市面貌再也没有恢复到神都时期的壮观。

现在的隋唐洛阳城遗址基本已经勘察清楚，隋唐洛阳城的宫城、皇城在郭城的西北角，宫城在皇城之北，宫城北面有曜仪城、圆壁城前后重叠，又有东、西隔城分列左右。皇城东面有东城，其北有含嘉仓城。郭城东北部及洛水南岸部分为里坊区。城内街道横竖相交，形成棋盘式的布局。城内街道组成里坊总数为 109 坊，城内傍临河渠的位置还有三市，比大兴城更多地考虑了工商业的繁荣 。

唐诗中的洛阳

诗是一种个体视角多向性的叙事，既有写实性的记述，也有抒情性的感怀。洛阳频繁在大量唐诗中出现，成为文人诗意和心灵的栖居地，说明这座城市在相当长的时间里，与各种文化现象或文化元素都有着千丝万缕的联系，被文人特别关注并有意识地融入文学创作。

神都不夜天（于占豪 摄）

在关于洛阳的诗文中，“天”“皇”“帝”“京”“王”“都”“宫”等文字出现频率极高，而且常常集中出现。例如“洛城三五夜，天子万年春”（孙逖《正月十五日夜应制》）、“南渡洛阳津，西望十二楼。明堂坐天子，月朔朝诸侯”（王昌龄《放歌行》）、“洛城本天邑，洛水即天池”（储光羲《送恂上人还吴》）等，多强调洛阳是天子之居，常常同长安一样成为帝都王权的象征。尽管中晚唐时期洛阳的政治地位下降，几乎失去了首都的政治功能，但在此时期的诗作中，如“洛阳天子县，金谷石崇乡”（张继《洛阳作》）、“雄都定鼎地，势据万国尊”（韦应物《登高望洛城作》）、“平时东幸洛阳城，天乐宫中夜彻明”（张祜《李谟笛》）等，仍显现出与天子密切相关的王权帝都意象。

庄严的帝都形象毕竟高高在上，游离于大众之外。而陆路和大运河等交通网的形成，让洛阳成为外国商人频繁往来、商铺酒楼云集的繁华之地。诗文中的洛阳也是人来人往的繁华市井，如“古来利与名，俱在洛阳城”（于武陵《过洛阳城》）、“当春天地争奢华，洛阳园苑尤纷拏”（韩愈《李花二首》其二)、“洛阳古今足繁华，最恨乔家似石家”（雍陶《洛中感事》）等，饮酒赏花、热闹喧哗的生活气息扑面而来。除了战乱时期，这个繁华都市的意象基本贯穿了整个唐朝。

比起以上王都与繁华这两个意象，唐诗中的洛阳另一个最突出的特点是饱含文化乡愁，日本《朝日新闻》出版的丝路纪行系列杂志，2006 年 8 月甚至还专门出版一期名为《乡愁之都——洛阳》的特辑。构筑起洛阳的思乡情怀的诗作数量极多，有在洛阳思念家乡的，而更多的是在外地怀念、向往洛阳的。

谁家玉笛暗飞声，散入春风满洛城。
此夜曲中闻折柳，何人不起故园情。

——李白《春夜洛城闻笛》

洛阳城里见秋风，欲作家书意万重。
复恐匆匆说不尽，行人临发又开封。

——张籍《秋思》

伴随着科举制度逐渐成为改变社会阶层的决定性因素，当时的东西两京常常聚集着大量进京参加科考的年轻人和各级官僚，他们大都远离故土乡亲，常把思乡的感慨抒发于诗文之中。李白的名篇《春夜洛城闻笛》无须多言，这首《秋思》也是乡愁题材中的佳作。自然流露于细微之处的情感最能触动人的心弦，宋代王安石赞“行人临发又开封”一句对生活细节的描写是“看似寻常最奇崛，成如容易却艰辛”。

乡愁是在异国他乡怀念故乡的感情，广义上还可以指怀念、留恋过往事物和境遇的心情。思乡情怀与身份认同密切相关，可以归结为对“自我归属感”的依恋，也是文化认同的一个表现。德国哲学家海德格尔在《荷尔德林诗的阐释》中提出著名的“诗人的天职是返乡，唯通过返乡，故乡才作为达乎本源的切近国度而得到准备”，又说“故乡最本己的东西已然是一种天命遣送的命运，或者像我们时下所说的，就是历史”。

寒雨连江夜入吴，平明送客楚山孤。
洛阳亲友如相问，一片冰心在玉壶。

——王昌龄《芙蓉楼送辛渐二首》其一

客路青山外，行舟绿水前。
潮平两岸阔，风正一帆悬。
海日生残夜，江春入旧年。
乡书何处达？归雁洛阳边。

——王湾《次北固山下》

柳絮飞时别洛阳，梅花发后在三湘。
世情已逐浮云散，离恨空随江水长。

——贾至《巴陵夜别王八员外》

云散天高秋月明，东家少女解秦筝。
醉来忘却巴陵道，梦中疑是洛阳城。

——储光羲《新丰主人》

洛城洛城何日归，故人故人今转稀。
莫嗟雪里暂时别，终拟云间相逐飞。

——刘禹锡《醉答乐天》

洛阳这个文化空间似乎天然具有磁场效应，让人产生乡愁。篇幅所限，在抒发对洛阳怀乡之情的诗作中，以上所列仅为诗海中的小小一粟。诗人的身份、境遇、创作背景和动机各不相同，不必一一详解，但诗中情感却都是丰盈真挚，沁人心脾。他们所怀之乡，并非简单意义上生长的故土，更是一种精神的扎根，诗意的栖居。洛阳承载的文化留存，是士人们可以寄托心灵的地方，特别是在家国动荡、文化根基风雨飘摇之际，对于士人们来说，想象中的“洛阳”带着文化的乡愁，是可以治愈他们空虚、失落与幻灭的良药。

以“长安不见使人愁”的名句为代表，长安也是能够引起人们文化乡愁的地方。早期历史中，长安与洛阳两座城市，先后同为周、汉古都，作为汉文化的中心，如同双子星座般交相辉映，具有相似的、能够引起文化认同的要素。然而，虽然“大唐长安”已经成为当代中国人追忆盛世繁华的一个固定符号般的存在，但如果纵观整个唐代，要说在当时最能代表汉文化、最能强烈勾起华夏士人文化认同感的地方，洛阳还是更胜一筹。原因有二，都与洛阳特有的历史变革密切相关。

首先是永嘉之乱的五胡乱华。“衣冠南渡”中去国离家对知识分子造成的心灵创伤是难以言喻的，南朝宋刘义庆在《世说新语》中记录的卫玠渡江时的叹息、周侯颤等众人在新亭的对泣等，南渡士人的伤怀都与洛阳紧紧缠绕在一起，挥之不去，成为洛阳文化特质的一部分。“洛阳”二字如同一根无形的刺悬在南渡士人的心头，随时提醒着他们家国遗恨与民族屈辱。

其次是756年的安史之乱。安史叛军来势凶猛，不到两个月时间就攻陷东都，大大挫伤了唐王朝的国威，引起政治、社会的巨大震动。而且安禄山一攻破洛阳立刻自称大燕皇帝，建元圣武，并随之攻下首都长安，唐王朝陷入灭亡的危机。直到762年，失陷的两都得以光复，这场危机才算解除。动乱给当时的唐朝和国民带来巨大创伤和灾难，也激发了强烈的华夏文化认同，导致当时士人对洛阳的认识由“怀家乡”转向“悼故国”。以李白、杜甫为代表，呈现在李杜诗篇中的形象以安史之乱为界发生重大转折——由杜甫厌恶的浮华名利场变为萦怀一生的“家”；由李白享受的诗酒繁华地变为要誓死光复的“国”。 洛阳成为家国意识的载体，诗人们开始有意识地在诗歌中注入家国意识，家国情结伴随着亡国之痛与文化之殇沉淀结晶。这是文化阶层受到安史之乱的震动而对社会和文化进行深度反省和思考的结果，其本质也是文化阶层对华夏文化的认同①。

历史反复重演，洛阳的宿命似乎就是引发人们的家国之伤。这也符合海德格尔所论的故乡最本己、最隐秘的地方在于历史。对于士人来说，长安无疑也是家国的象征，开元盛世的长安是大唐鼎盛的代表，都市文化中有海纳百川的气质。中西各种文化元素在长安交相辉映，绚烂夺目，有交融、有影响，不再局限于华夏文化的本原格局，而生出全新的气象。而洛阳在更早的魏晋南北

①详细论述可参见黄婕．李杜诗篇中的洛阳书写与家国意识［J］．河南科技大学学报（社会科学版），2021，39（06）：90−97．

湖北地界的“洛阳”标牌（张水利 摄）

朝时期，经历了数百年的痛苦而漫长的碰撞、对抗、分裂、共存的过程，有新思想、新民族、新宗教加入并且完成了真正的融合，反而更加彰显汉文化的华夏本源。

其结果是出现了以鲜卑族为代表的宁可以民族完全消失为代价也要义无反顾地投入华夏文明的新“汉”人。例如，写“悠悠洛阳梦”的元稹是北魏宗室鲜卑拓跋部后裔，北魏昭成帝拓跋什翼犍十九世孙；写“洛城洛城何日归”的刘禹锡有可能是匈奴后人，甚至有人主张白居易的祖先出生于西域龟兹国。考证古人的身世比较复杂，无论他们的祖上到底属于哪个民族，至少我们可以说，到唐朝时，这些诗人都已成为汉文化中的精英，他们从心底里热爱华夏文化并以此为豪，所以才写下众多怀念洛阳的诗篇。

整体来说，隋唐时代洛阳的政治地位和都城规模都比不上长安，但天下之中的洛阳，比长安多了一重“华夏”文化元素，这是洛阳有别于长安之处。国力强盛之际，举国上下都有海纳百川的威严和自信，但内忧外患、国势飘零，特别是异族作乱、颠覆正统时，禹内士人就会不由自主地从心理上产生

“非我族类，必有异心”的对立意识，有意去寻找自己的文化归属感。比起长安，洛阳更可以满足他们的文化认同感，这个时期洛阳文化乡愁的文化表象，就是这样建立起来的。关于洛阳的种种特定时间和空间已经通过既往的历史与文字沉淀于唐代文化群体的意识深处，作为一个熟悉的、稳定的参照体系而常常被联想。洛阳反复被诗人写入诗篇，成为体现文化乡愁的华夏士人的归心之地。

当今全国各地远离中原却与洛阳相关的地名数量众多[①]，“洛阳镇”“洛阳乡”“洛阳桥”等，它们能够沿用至今，反映了当地人曾在某个时期对洛阳有向往或怀念，试图通过命名来寻找归属感。这是文化乡愁的具体呈现，也是洛阳作为其他地域无法替代的“归心之地”的历史实证，正可谓“根在河洛”。

①根据刘彦卿．天下洛阳［M］．北京：中国炎黄出版社，2016．不完全统计，在全国范围内以“洛阳”命名的区县有一个，乡镇 7 个，行政村和自然村 78 个，由洛阳演化的地名近 40 个，以“洛”或“洛阳”为前缀的“洛阳名物”多达上百个。

理学之源：宋代的洛阳

唐王朝的衰退导致天下分崩离溃，875 至 884 年的黄巢之乱彻底结束了唐代的统一王朝。中原经历了五代交替，江南等处小国分立等数十年间的过渡，赵匡胤建立的宋终于为混乱的五代十国打上了休止符。北宋（960—1126）与南宋（1127—1279）共同构成延续 300 年的大宋王朝，皇帝力推文治，通过科举制度广泛从平民阶级选拔有才之士，为文化的飞跃提供了客观条件。

由唐到宋的历史转变，不仅仅是王朝更替，更是从文明进程上进入一个新的时代。陈寅恪、王国维等都把宋代视为传统文化发展的巅峰时代，日本史学家内藤湖南、宫崎市定则主张宋代为中国“近世的起点”，还有不少研究者把宋看作中国的文艺复兴时期。宋的特殊之处在哪里呢？陈寅恪在冯友兰《中国哲学史》审查报告中提出“中国自秦以后，迄于今日，其思想之演变历程，至繁至久。要之，只为一大事因缘，即新儒学之产生及其传衍而已”。儒学复兴是中国二千年来思想史上的大事，宋代贵族政治的式微、平民势力的崛起都与儒学复兴互为因果，而新儒学的源流、兴起与发展，与当时的洛阳密不可分。

再度兴废

安史之乱后的藩镇割据是政权衰落的重要原因，农民起义导致唐朝灭亡。连年征战几乎将两京毁坏殆尽，首都长安在唐末化为废墟，从此再没有成为都城。东都洛阳也长期处于混乱的局势，各路叛军在此激战，当时的笔记小说《洛阳搢绅旧闻记》记载“时洛城兵乱之余，县邑荒废，悉为榛莽。白骨蔽野，外绝居人。洛城之中，悉遭焚毁”。

不过，唐代之后的洛阳似乎比长安幸运，后梁时代的河南伊张全义在统治洛阳的四十年间励精图治，一直致力于复兴洛阳，采取了多种休养生息的措施，使得处于激战中心区、受害最严重的洛阳奇迹般地“数年之后，都城坊曲，渐复旧制，诸县户口，率皆归复，桑麻蔚然，野无旷土”（《资治通鉴》卷二百五十七）。

后唐为了加快洛阳重建，下令“重兴卜洛之都，永启朝宗之会”，都市建筑和规模开始恢复生机。据《册府元龟》记录，当时朝廷所下敕旨为：“伊洛之都，皇王所宅，乃夷夏归心之地，非农桑取利之田。当乱离而曾是荒凉，及开泰而兢为修葺。从来闲寂，多已骈阗。永安天邑之居，宜广神州之制。”

樱舞洛城春（张鸿伟 摄）

敕旨强调的是，处于伊洛两河之间的洛阳这个地方是皇王之地，是凝结夷狄与华夏的力量所在，不是通过农桑来获取利润的地方。这个来自当时官方的宣告把洛阳视为一个神圣的存在，与日本学者佐原康夫指出的“洛阳在各个朝代，无论是否作为都城，一直都是一个特别的地方。在中国思考都城的理念时，不能忘记洛阳所持有的这一特殊的分量”不谋而合。所谓“夷夏归心之地”“特殊的分量”，用现代话语可表述为民族文化凝聚力，即前文所述的洛阳具有华夏文化认同的特质。

> 西京千古帝王宫，无限名园水竹中。
> 来恨不逢桃李日，满城红树正秋风。
>
> ——穆修《过西京》

> 洛阳古帝都，其人习于汉唐衣冠之遗俗，居家治园池，筑台榭，植草木，以为岁时游观之好。其山川风气，清明盛丽，居之可乐。平川广衍，东西数百里，嵩高少室，天坛王屋，冈峦靡迤，四顾可挹，伊、洛、瀍、涧，流出平地。故其山林之胜，泉流之洁，虽其闾阎之人与公侯共之。一亩之宫，上瞩青山，下听流水，奇花修竹，布列左右，而其贵家巨室园囿亭观之盛，实甲天下。
>
> ——苏辙《洛阳李氏园池诗记》

北宋时期的洛阳与都城汴京合称“东西两京”，城市面貌由原来的坊市分离制，嬗变成新的坊市合一制。与以往历代洛阳城宫殿巍峨的帝都气象不同，北宋西京时代的洛阳城少了王权皇都的威严，多在唐代旧园的故址上修葺改建起新园，众多士大夫的官邸庭院，或气派或幽深，鳞次栉比，风光旖旎。“洛阳相望尽名园”，名园林立成为北宋洛阳城的一大特色。

儒学复兴的历史土壤

春秋时代的孔子被尊为儒家的创始人，但儒学兴起的背景中，周公旦留下的传统礼乐制度的影响不容忽视。孔子也毫不掩饰对周公的崇敬和仰慕之情：“郁郁乎文哉，吾从周”，终生以恢复礼乐文化和制度为使命。洛阳的城市原点——洛邑，就是孔子心目中的圣人周公旦营造的。

孔子入周问礼乐至此碑（黄婕 摄）

以周公的伟业作为起点的洛阳，城市布局符合礼制，其诞生本身就是原始王道思想的体现。洛邑建成后，周公长期居于国家中央地区的洛邑主掌政治，为刚刚形成的周王朝制定了一系列典章制度，提倡为政者应为有德者的德治主义。一生驻留洛阳的周公，制定的礼乐制度成为儒学的基本思想，他的生涯和政治主张都与这片土地融为一体。

东周时代列国群雄并起，尽管周只是名义上的天下共主，但洛阳作为国都王城，周的礼制建筑、图书典籍以及文物精华都汇集于此。《史记》中的《老子传》《仲尼弟子列传》以及《孔子家语》《庄子》都有孔子问礼老子于周的记载。当时老子是周守藏室史，相当于王室图书馆的负责人，居住在北方鲁国的孔子曾经入周与老子相见，并询问了关于礼的问题。

为纪念两千年前洛阳见证了孔子与老子这次中国思想史上最重要的相会，清雍正五年（1728），当时的河南府尹张汉与洛阳县令郭朝鼎重修文庙，立“孔子入周问礼乐至此”碑，以彰显这座城市与儒学的深刻渊源。三百年转瞬即逝，这座石碑依然屹立在洛阳市老城区。

汉武帝“罢黜百家，独尊儒术”建立起来的儒家理念，在东汉得到继承和光大，光武帝大力推举儒学，并建立起礼教政治制度。东汉在洛阳设置的太学里，大量学生集中在一起学习儒家经典。东汉洛阳儒学研究盛况空前，皇室带头掀起学习研究儒家经典的热潮，通过《白虎通义》完成两汉今文经学大成之作；马融、郑玄等儒学大家以训诂学为基础，对于诸经书做出相对统一的解释；许慎通过《说文解字》整理了汉字的书体与意义。经过这一系列的发展，儒学成为国家主导性学术与思想。

熹平年间在洛阳城南开阳门外的太学前立起多面用隶书书写的石碑。从多方探讨、确定正本和文字，到由著名书法家蔡邕书写，再到雕刻碑文，前后共用了九年时间才完成。这些石碑被称作“熹平石经”，是中国第一部官方制作的石经。制作石经的目的是提供最有权威的准确经文范本，象征威严和仪式，寓意文化能够得到庄重的传承。《后汉书·蔡邕传》记载：“及碑始立，其观视及摹写者，车乘日千余两，填塞街陌。”可见这些石经的影响力不容小觑。

可惜随着东汉王朝的灭亡，董卓火烧洛阳城，石经也惨遭毁坏。大约百年之后的魏正始年间，太学再度兴盛，241 年，在原熹平石经旁边又树立起正始石经。书体采用古文、篆书、隶书三种书写，称作“三体石经”，作为通用教材立于最高学府洛阳太学，以供研究和学习。然而历史的悲剧反复重演，这几十面石碑又在晋末永嘉年间的战乱中，随着洛阳的失陷而遭到毁坏。

尽管到北魏时，石经几乎只剩下一些断垣残片，但我们仍然可以从中清晰地看见中国人对正确文字的执着以及对学习儒学经典的热情。即使经过数度的异族入侵，仍然不能改变汉人对于儒学正统的维护。长期作为文化中心的洛阳，注重礼乐制度、崇尚儒学经典之风已经成为都市性格的一部分，对于儒学的传播起到了典范作用。从深层次来看，以往洛阳的文化表象一直是与儒学的基本理念相通的，“天下之中”“礼仪之美”“归心之地”都有浓厚的儒家色彩。

伊洛渊源

开封和洛阳是北宋最重要的两个城市，相隔不远，很多学者都注意到这两个都市的特殊地位和抗衡关系。曾经掌握最高权力的政界元老大多选择在洛阳安度晚年，加上因为反对王安石的新法而蛰居地方的官员，形成长期聚居于洛阳的高官集团。以司马光为首，包括曾经的首辅富弼、枢密使的文彦博、御

如画园林（孙玉欣 摄）

史吕公著等政界的实权派大人物们，“他们仿佛是一个‘影子内阁’，隐隐约约地在士大夫中发生着持久的影响，使得很多人都期待着他们重新崛起执政。虽然这种愿望一时并没有可能成为现实，不过，这个足以与政治重心相抗衡的文化重心的存在，却吸引了一批学者与文人”，洛阳与开封的对立，在神宗初年因变法而变得愈加分明。

李格非在《洛阳名园记》中将洛阳的盛衰与整个国家的盛衰联系起来，是基于当时洛阳政治环境的影响和特质，并非文人的见景生情、悲秋伤春。洛学最早的成型与发展，正是当时反对改革的所谓保守派的政治团体集体隐居洛阳的时期。程颢、程颐兄弟就是在这种状况下开创“洛学”，并成为理学渊源的。他们与保守派士人始终保持着深厚友情，政治看法也倾向于保守派，甚至参与过相关政治活动，对洛学寄托有“皇帝与儒生合力共治天下”的政治理想。

欧阳修曾感叹当时洛阳文化阶层的知识、思想与信仰世界的内涵相当丰富复杂，并说自己正是因此才选择居住在此的。北宋初期的重要大家除了周敦颐以外，几乎都聚集到洛阳，这种现象被岛田虔次称为“中国思想史上的一大壮观”。钱穆认为“二程居洛阳，乃当时人物荟萃之区，濡染取用，既富既博”，洛学早期的酝酿发展离不开当时洛阳的文化环境。

《邵氏闻见录》《二程遗书》里多有关于“二程”和司马光、邵雍等人的交往记录，他们在经学、历史、宇宙观方面的思想认识相互启发，影响的痕迹清晰可见。百年后的南宋诗人刘克庄，遥想那个时代最出色的人物在洛阳城中风云际会、惺惺相惜，还是无限倾慕的。

樗翁九帙逢初度，洛社耆英共举杯。
富相苦邀康节入，温公亦喜小程来。
每惭席上陪真率，谁道窝中爱打乖。
不怕醉归卢老攧，芙蓉月恰照人怀。

——刘克庄《谢诸寓贵载酒》

东汉时期的“礼仪之美”即使经历魏晋南北朝的混乱，人们仍然会感慨“自晋、宋以来，号洛阳为荒土，此中谓长江以北，尽是夷狄。昨至洛阳，始知衣冠士族并在中原。礼仪富盛，人物殷阜，目所不识，口不能传。所谓帝京翼翼，四方之则”。这种风俗之美延续到北宋，《洛阳名园记》中强调：“夫洛阳，帝王东西宅，为天下之中。……声诗之播扬，图画之传写，古今华夏莫比。”

宋代洛阳的风俗特征是诗书盛行、儒雅敦厚，人们处世平和稳重。生活于此的“二程”，从人生观到处世方式，都深深烙有洛阳文化的印记。他们从哲学的角度，把提倡“理”作为洛学思想的核心，所谓“一草一木皆从理”，是以天地万物为对象，认为天理是人间社会最高的行为规范。《邵氏闻见录》从庶民生活的视角记载的“洛中风俗尚名教，虽公卿家不敢事形势”，这不就是洛学所提倡的“理”这一社会规范吗？“人随贫富自乐，于货利不急也”，也与洛学的“以义理道德为重，金钱利益为轻”的基本理念完全一致。长期存

文峰古塔（郭元生 摄）

在于洛阳的世俗民风和道德传统已渗透到“二程”的观念中，重视秩序道德、有意识回避功利实务的态度在两人身上有鲜明的体现，与同期王安石提倡的“新学”理念形成对比。

理学兴起

钱穆评价洛学时说“确实成为北宋理学的大成与正统”，但洛学从一个地方性学派发展为华夏主流学派代表，并非一路顺畅，而是经历了众多挫折，特别是与以王安石为代表的新学的抗衡中曾经几番失利。洛学的发展与壮大其实始终离不开被称为保守派的政治集团的支持，甚至还涉及党派斗争，最终才确立了正统地位。

首先，“二程”兄弟的学术造诣和人品声望的传播始自洛中士人的人脉圈子。比如，司马光和吕公著积极地向朝廷推荐程颢，文彦博在洛阳时，把仰慕自己想进入门下的学生送到程氏兄弟门下。这些一流人物的行动如同风向标，

二程文化园（常立新 摄）

令程颢、程颐的大名通过口口相传扩散开来，成为人们仰慕的对象。洛阳地处四方之中，交通便利，来自各地的士人汇聚于“二程”门下读书，学成之后将其思想带到各自的家乡继续讲学授徒、发扬传承。这种师承弟继、薪火相传的形式使洛学得以迅速、稳定地发展。

以“二程”为代表的洛学与以王安石为代表的新学，虽同属儒学门派，细究却有诸多不同，从根本上说，“二程”重义轻利的理学价值观与王安石重视实效的新学思想形成对照，是价值取向上“兴利”与“尚德”的根本对立。“二程”对于王安石的才学、为人推崇有加，但对于新学的看法却极为苛刻，认为解决社会问题，首先要正人心。正因为“二程”非常担心新学提倡的重视眼前实利的做法会造成一切以眼前功利为衡量事物标准的社会价值观，最终导致人们精神的腐蚀，所以特别重视通过强调高尚的道德标准来与之抗衡，这也成为程朱理学中令人诟病的“存天理、灭人欲”的源头。

洛学与新学在对抗的过程中，在相当长的一段时间里，洛学都处于劣势。程颢因为排斥新法而辞官，专心居洛讲学，致力于洛学的传播，在民间树立的威望为将来洛学的大张其道积蓄了力量。此后新旧党争几度反复，新学和洛学的势力也在40多年间始终处于此长彼消、你进我退的胶着状态。进入南宋以后，皇帝为了逃避自己的责任，将亡国的原因归结于王安石的改革和蔡京的弄权，洛学由于反对新学的一贯立场而被推崇。

因金人南下，汴洛两京陷落，洛学的继承者们纷纷在南方落地扎根，如因为“程门立雪”而出名的弟子杨时创立东林书院、龟山书院等。朱熹的父亲朱松是洛学的崇拜者，师从“二程”再传弟子罗从彦，朱熹也致力于书院讲学，创建武夷精舍、考亭书院等。故清人江藩感叹：“夫道学始于濂溪而盛于洛、闽，自龟山（杨时）辟书院以讲学，于是白鹿、鹅湖相继而起。”

总之，洛阳的文化与传统是“二程”思想形成的深刻渊源，洛阳的历史、与儒释道复杂的关联以及风土人情、政治倾向等都在洛学的思想根源中留下了难以磨灭的痕迹。以司马光、“二程”、邵雍为首的精英们从这片土地的文化传统中汲取价值，并且在广阔的天地中升华出更丰富的哲学体系，引领着时代拉开儒学复兴的大幕。伊洛渊源的理学思想最终成为影响南宋末至元、明、清三代的官方哲学，也始终是居住在河洛大地上的人们最牢固的精神底色。

洗去浮华：元明清时代的洛阳

金元时期

北宋末期兴起于东北的女真人建立的金国强大起来，灭辽之后，挥师南下，直奔中原。1127 年的靖康之变中，金攻取宋首都汴京，掳走徽、钦二帝，导致北宋灭亡，只有康王赵构幸免于难，迁都临安府（今杭州），史称南宋。靖康之难同年的 12 月，金进攻洛阳失败，弃城前焚毁了城内部分建筑。之后的宋金会战，金兵再次攻入洛阳，双方多次展开洛阳争夺战。洛阳最终于 1140 年陷落，宋金以淮河—大散关为界议和，形成对峙。

金人攻陷洛阳后，尽毁城郭宫室。金宣宗贞祐二年（1214）迁都汴京后，以洛阳为中京，设金昌府，领九县四镇，并开始在废墟之上筑城。新筑的中京城位于瀍水以西，利用了隋唐至北宋洛阳城的东城和部分里坊。据《（元）河南志·宋城阙古迹》记载，金元时期洛阳城的规模大约是边长约为 3 里的正方形，规模仅有隋唐洛阳城的二十分之一。中京城就是今天的老城区，其里坊之间的基本建筑机制保存至今，“九街十八巷七十二胡同”中的部分街道目前仍有遗存痕迹。

南宋中后期，蒙古自漠北草原崛起，1234 年灭金。由于急于收复河南（今洛阳），蒙古灭金国后的四个月内，宋理宗就三次派使者到洛阳拜谒祖陵。端

老城丽景门（张水利 摄）

平元年（1234）仓促出兵，发动收复三京（开封、洛阳、商丘）的军事行动，史称“端平入洛”。由于对蒙古军队实力的低估、事前准备不足、无法供给军粮等原因，导致南宋军队在龙门、洛东之战大败于蒙古军。这次贸然攻打洛阳的军事行动不仅使数万精兵死于战火，南宋国力也受到严重削弱，还使蒙古找到了进攻南宋的借口，成为宋蒙全面战争的导火索。最终导致 1279 年崖山海战一役宋朝的彻底灭亡。

中京洛阳城建成不久，金元交战使城池再遭损毁。南宋军队端平入洛失败之后，在很长一段时期里，河洛大地元气大伤、举目荒芜，成为蒙古兵的牧场。1252 年，蒙古开始编汉人户籍，洛阳等县平均只有 793 户，相当于金朝后期的八分之一，不及北宋时的百分之一。据《(元) 河南志》载，元朝至元十六年（1279）洛阳城内只有十四个里坊，居住的主要是蒙古贵族、回鹘贵

麦田里的宋陵（朱尧 摄）

族、早期归降蒙古的金朝贵族和汉族士人。

在游牧文明的冲击下，中原的农耕文明几乎彻底衰败。隋唐大运河淤塞甚重难以疏通，黄河水利缺乏治理等，造成洛阳一带赖以生存的经济基础和环境基础恶化，直至元之后的明、清时代都未能恢复元气。伴随着洛阳政治地位的丧失，军事优势明显下降，文化影响力也消耗殆尽。

宋迁往江南之初，洛阳作为西京，一直是南宋人士隔江怀念的故国。宋的旧臣耆老们想着南迁只是一时权宜之计，来日必然要收复中原。就连宋哲宗孟太后崩于绍兴府，也接受“帝后陵寝，今存伊洛，不日复中原，即归祔矣，宜以攒宫为名[①]。佥以为当”（张淏《云谷杂记》卷三）的建议，下旨要求不设寝庙，暂以攒宫安置江南，待到中原光复，再迁葬伊洛。可见北定中原、回归故土是南迁朝廷和士大夫曾经坚持的观念。临安只被称作“行在”“行都”，意为天子巡行所到之地，随时有要走之意；皇帝陵墓也称“攒宫”，完全仿照洛

①古代皇帝、皇后暂殡之所。宋南渡后，帝、后茔冢均称“攒宫”，表示暂厝，准备收复中原后再迁葬河南。

阳东边巩义北宋皇陵“五音姓利[①]”的风水原则建造。

自从金人的铁蹄踏碎了故国河山，无论是官场士人还是闲散野老，总是被眼前的风景和盛开的牡丹勾起故国怀乡之情。然而复国无望，岁月又催人衰老，回望中原，归乡之路似乎漫漫无期。家国丧失之际，隋唐时期洛阳象征“归心之地”的文化乡愁又散发出悠长余韵。

一自胡尘入汉关，十年伊洛路漫漫。
青墩溪畔龙钟客，独立东风看牡丹。

——陈与义《咏牡丹》

不见罘罳阙，于今已十春。
素衣不忍弃，为有洛阳尘。

——晁公溯《有感》

此怀京洛愁无限，更对沧江烟雨愁。

——晁说之《抒怀绝句》

和北宋时代文本中的洛阳书写相比，南渡之后诗作中的洛阳往往寓有深沉的故园之思。南宋政权在江南安定下来，不仅为南方带来了大量的人口，还带来了先进的生产技术和经验，大大促进了南方生产的发展，人民过上了相对安定富庶的生活。随着时间的流逝，大部分南宋士人也开始乐于偏安江南，开始“直把杭州作汴州”。

然而总有少数慷慨热血之士，念念不忘中州与牡丹，伟大爱国诗人陆游就是这少数人中的杰出代表。陆游身为越州山阳（今浙江绍兴）人，却一生力主抗金，对收复中原有不解的情结。他是南宋少数亲自到过洛阳的人，对中原念念不忘，特别喜欢牡丹。多次回忆当年入洛的情景，对于宫城巍峨入云和铜驼散落荒草的今昔对比深有感触：“我登少城门，四顾天地接。……永怀河洛

① 中原地区一块墓地叫作墓域，打成七七四十九格，一边 7 个字，不同的姓氏分成五音——宫、商、角、徵、羽，与阴阳五行中的土、金、木、火、水对应，在地理上找到与其姓氏相应的最佳埋葬方位与时日。可参照刘未．宋代皇陵布局与五音姓利说［J］浙江大学艺术与考古研究，2018（00）：165–190．

寄托南宋士人情思的洛阳花（黄婕 摄）

间，煌煌祖宗业。”(《登城》) 满腔悲慨地写下“老去已忘天下事，梦中犹看洛阳花”之句。

蹉跎一生，壮志未酬的诗人，终究未能等到再见洛阳花的那一天，临终留下千古绝唱“死去元知万事空，但悲不见九州同。王师北定中原日，家祭无忘告乃翁”(《示儿》)。陆游去世 24 年后，蒙古灭金，南宋实现了端平入洛，完成了包括陆游在内的多少人的梦想。为此，他的私淑弟子刘克壮欣喜若狂，写诗告慰恩师：

不及生前见虏亡，放翁易箦愤堂堂。
遥知小陆羞时荐，定告王师入洛阳。

——《端嘉杂诗二十首》其四

但可悲的是，这让人欢喜的“王师入洛阳”引发了南宋与蒙古的战争，最终导致南宋彻底灭亡。被称为“华夏陆沉”的崖山海战是南宋与蒙元的生死决战，这一幕在日本人田中芳树的历史小说《海啸》中也被描述得惨烈悲壮，令人惊心动魄。

崖山一战之后，汉人政权完全被北方游牧民族元王朝所取代，明代大儒陈白沙甚至认为古典意义上的中华文明自此而绝。这当然是偏激的说法，虽然中华文明遭到战乱的严重破坏，但事实上元朝统治者很快就呈现出逐步汉化的倾向，中华文明历久弥坚，生生不息。不过，作为华夏文明最正统代表的洛阳文化，的确在元灭宋后发生了严重断层。

元朝以后，几度遭遇毁城的洛阳再没有恢复到鼎盛时的状态。正如当时文人所记“洛阳名园名花之盛，自唐宋以来尝为天下最”，而后则“殆不能如旧也”（吴澄《雪香亭记》）。洛阳在文学中出现的频率较之从前大大减少，虽然还有淡淡的乡愁意味，但慷慨激昂、壮怀激烈之作少，感叹历史沧桑巨变、怀古咏史之作多。

> 短衣匹马，白头重过洛阳城。百年一梦初惊。寂寞高秋云物，残照半林明。
>
> ——元好问《婆罗门引·过孟津河山亭故基》
>
> 决眦斜阳里。品江山、洛阳第一，金陵第二。休论六朝兴废梦，且说南浮之始。合就此、衣冠故址。……身世蝶，侯王蚁。
>
> ——王奕《贺新郎（决眦斜阳里）》
>
> 一勺西湖水。渡江来、百年歌舞，百年酣醉。回首洛阳花世界，烟渺黍离之地。更不复、新亭堕泪。……借问孤山林处士，但掉头、笑指梅花蕊。天下事，可知矣！
>
> ——文及翁《贺新郎·西湖》

曾经一直是“帝王州”的洛阳，完全退出了中国的中心历史舞台，此后距离政治中枢或文化中心越来越远，文脉一时中断。虽然后来随着城市功能的恢复，洛阳文化也逐步复苏，渐渐形成新的文化、自成一脉，但终究只是地方文化，失去了以往的影响力，与此前一脉相承、曾经推动和引领中国文化的时代不可相提并论。

明清时期

明洪武元年（1368）四月，明军攻克洛阳，设河南府，领一州十三县。洛阳作为中原地区的军事要地，在城市建设规格上略高于其他城市，在金元洛阳城的基础上重建城区，建筑规模比金元时期有所扩大。明代洛阳城曾先后是伊王、福王的封邑，据记载“崇台连城，拟帝阙”，也颇为壮观。2019 年由于修地铁，从福王府旧址出土一块被认为是福王府内宫仪门阶梯的陛阶石。近 7 平方米大小的石壁上的龙形浮雕做工精美、栩栩如生，从中可见当年的奢

洛阳明代福王府旧址文物（刘冰 摄）

华气派。

崇祯十四年（1641），李自成率农民起义军攻克洛阳，洛阳再度毁于战火。清代重修洛阳城墙和城门，城市规模和建筑大体沿袭明制，明代福王府内城在清朝时成了河南府衙。明清时期，历任知府、知县都曾修缮城门、城郭以及街道，洛阳城几经改造，最终基本形成如今老城区四方城区的格局。整座城共开四门，有东西大街、南北大街两条主干道，城内阡陌纵横，有“九街十八巷七十二胡同”之称。

清朝时期的洛阳完全断绝了与王朝、皇室的特殊关联，犹如褪尽繁华、历经风雨的白衣素士，也许内心还有些许孤傲，疲惫中终究接受了现实，安静地蛰居于中原大地。凭着“天下之中”的地理条件，既有洛水航运之便，又有官道、驿站优势，继续承担南北运输、水陆交通枢纽的功能。作为晋商南下、徽商北上、陕商东进的必经要地，民间商业往来频繁，成为中原豫西繁华的商业中心，尚有“九州八府数洛阳”之誉。各地商会纷纷在城内出资营建商业会馆，如“山陕会馆”“潞泽会馆”等，据《东都山西、陕西会馆碑记》等记载，自清代初年，洛阳已是秦晋商人东至齐鲁、北到燕赵、南达江汉经商的必经之地，明清至民国时期，仅山西、陕西商人在老城南关一代经商的店铺就有五六百家，可见当时的繁盛程度。被誉为丝路之父的德国人李希霍芬在1870年曾考察、参观洛阳南关的丝绸、棉花市场及山陕会馆等，当时洛阳的商贸盛况对其提出“丝绸之路”也产生了影响。

世事变更，挺立于老城的文峰塔，散落于田野的无数熹平石经、正始石经残片，沉默却又倔强地存在着，似乎在坚持着一种深入骨髓的主张。与之相对应的是，政治地位低下、商业势力抬头，都没有真正改变洛阳崇尚文化的内核，书院林立、文化氛围浓郁是明清洛阳城的一个特点。受到魏晋清谈、“二程”讲学遗风等影响，不管政治风云变幻，洛阳学风始终不堕，人们喜欢读书、讲学、辩论。除了府学、县学以外，书院、社学、私塾遍及城内外，据统计，明清期间洛阳的著名书院有17处之多。

尽管民间学风不改，但不得不承认，失去政治核心地位以后，洛阳已经泯然众城。明清时期虽乘借地利之便经济依旧繁华，但影响力如强弩之末

山陕会馆古建筑（李炜 摄）

势，与鼎盛时期不可同日而语，再也无法形成以往的那种能够引领时代、代表中华文明阶段进程的鲜明文化特征了。到清末民初，随着洛河水运的衰退和京广、陇海铁路的通车，洛阳的地理优势逐渐淡化，中原交通枢纽地位被郑州取代。

洛阳以不可逆转之势走向谷底，清末民初至新中国成立前大约是近代洛阳最破败沉寂的时代。即使“九一八”事变之后，国民党为了“迁移政府，与倭长期作战”，于 1932 年 3 月 1 日宣布以西安为西京、洛阳为行都，国民政府暂迁洛阳办公，这短暂的热闹也不能挽救古都破败、大厦将倾的局面。作家张恨水曾慕名乘火车到洛阳匆匆一游，写的游记《洛阳小记》中有：“仿佛我由二十世纪一跃而回到十八世纪了”——比起怀古之幽思，更多的是让人感到落后与不便。

真正的大劫还在后边。日本侵华战争打响，蒋介石下令炸开郑州东北花园口黄河大堤，泛滥的黄河也没有真正阻挡住日军的铁蹄。最终周边城市不断沦陷，洛阳成为一座被围的孤城。1944 年 5 月日军以重炮和飞机对洛阳发起猛烈攻击，炸毁了外壕和城墙之后，坦克车也冲进城内扫荡。洛阳守军拼死抵抗，与日军展开激烈巷战。5 月 25 日，洛阳城被日军完全攻占，直到次年抗战胜利，经历了黎明前最黑暗惨痛的时期。

一切过往，皆为序章：当代洛阳

古往今来洛阳城的兴亡盛衰总是被无数人感慨，历史上的洛阳似乎总是在泼天富贵与亡国遗恨之间摇摆，人们见惯了“繁华盛丽，过尽一时”和“荆棘铜驼，遍于伊洛”的盛衰对比，落差感过于巨大，反而会生出一丝淡定，“一废一兴，循天地无尽藏”（《洛阳名园记序》），洛阳人从来不会失去希望。

河南省首个共产党组织“中共洛阳组”就诞生在古都洛阳。从 1948 年 3 月开始，经过艰难的攻坚战，4 月 5 日，晋冀鲁豫野战军“陈（赓）谢（富治）集团”攻克洛阳。伤痕累累、满目疮痍的洛阳终于迎来解放。新中国成立后，根据不同时期的经济发展需要，洛阳的行政区划经过洛阳县、洛阳专区、洛阳市等多次调整，逐渐形成如今的格局。这座苍老的古城终于再次迎来命运的转折，在国家的重视和支持下，自新中国第一个五年计划起，开始绽放出新的生命力。

作为“初步建立起国家工业化基础”战略目标的重要一环，洛阳是与西安、武汉等城市一起被列为新中国首批规划建设的 8 个城市之一。以重工业为主，有包括拖拉机厂、轴承厂、矿山机器厂等在内的 7 个重点项目落户洛阳。一直到第四个五年计划为止，新项目不断落户洛阳，使洛阳迅速成长为新中国重要工业基地之一。

其中受到国内外特别关注的是承载了新中国农业现代化梦想的拖拉机厂，

八路军驻洛办公室纪念馆（常立新 摄）

据说最终选址时由毛主席亲自拍板，他说“古都洛阳那么多皇帝都住了，还放不下一个拖拉机厂？”中国第一个拖拉机厂决定建设在洛阳涧河西边，当时洛阳城内人口只有 9 万，工业基础极其薄弱。这座古城被从积年的战争和苦难中解放出来，对安定发展和幸福生活的渴求呈现出前所未有的本土活力。迅速展开如火如荼的建设，五十年代的洛阳成为充满激情与挑战的建设热土。

国家为了帮助洛阳建设工业基地，集中力量办大事，调动十几万人的建筑队伍云集洛阳，采取了边建设、边调试、边生产的方针。最初的几项重点项目如同燎原的星星之火，带来和衍生出一大批相关企业以及众多科研机构。到 1958 年为止，被称为“共和国长子”的十大国有厂矿（洛阳拖拉机厂、洛阳矿山厂、洛阳轴承厂、洛阳铜加工厂、洛阳热电厂、洛阳耐火厂、河南柴油机厂、洛阳玻璃厂、洛阳棉纺织厂、洛阳水泥厂）集结于洛阳并且建成投产。短短数年间就形成了以国家重点项目为中心，大、中、小企业相配套的工业体系，使洛阳迅速成为新中国中西部地区机械制造业的核心基地。

工业布局给洛阳带来全方位的变化。据洛阳市统计局《洛阳奋进的四十

国内最早的拖拉机生产线洛阳拖拉机厂（视觉中国提供）

年（1949—1989）》的数据，1959 年市区非农业人口已达到 34.96 万人，几乎是新中国成立时的 4 倍。剧增的人口主要是外地迁移人员。新建国有厂矿、机关的职工大多来自外省，还有来支援建设的配套商业及服务人员。仅洛阳第一拖拉机制造厂的职工就来自全国三十个省，以东北、上海、江浙为主，1964 年数量达到 22108 人。来自全国各地支援洛阳建设的人绝大多数都定居在了这里，和土生土长的当地人共同成为新生代洛阳人。这样鲜见的人才迁移为洛阳注入了动力和生机，他们在国内外专家的指导下，拿出最大的干劲儿每天都在创造奇迹。以工人阶级为主的各行各业建设者们的热情，重新点燃了古都的生机，让沉于谷底已久的古都再次迸发出强大的力量。

城市面貌也发生了巨变。为保护明清建筑比较集中的老洛阳城，直接将其设为老城区，保持原有格局。东边少数民族聚居的区域设瀍河回族自治区。另外在涧河以西建设现代化工厂、企业集中的涧西区，中部是以行政功能为主，也有部分企业的西工区。另外，还有谷水区和郊区，这样的九县六区的行

一拖的早晨（常立新 摄）

政区划持续了很长时间。

厂矿集中区域建起了计划经济时期宏大叙事风格的建筑群，明显地受到苏联文化风格的影响，蕴含着社会主义红色工业文化的独特魅力。庄重的大门、高大的伟人像、开阔的广场等突出中轴线，方正的厂部大楼、整齐的车间、统一的住宅区等讲究布局对称，处处带有那个时代的鲜明印记。其中最为典型的中国第一拖拉机厂建筑于 2018 年 1 月被列入中国第一批工业遗产名录，将在中国建筑史上留名。

至今仍有一台年代感十足的履带型拖拉机展示于洛阳东方红农耕博物馆。这是中国首台拖拉机的同款产品——东方红 54 型履带拖拉机。1958 年 7 月 20 日，在人们的欢呼声中，第一台“东方红”拖拉机出厂，拉开中国农业现代机械化的序幕。据有关部门统计，上世纪七十年代，中国 70% 以上机耕任务是由东方红拖拉机完成的，“东方红”成为中国农民心目中农业机械化的象征，还登上人民币一元纸币。展厅内收藏的这台拖拉机曾在黑龙江北安二龙山农场服役，创造了31年没有大修的纪录，被当地农垦局誉为“北大荒精神”的象征。

写过《日本沉没》的著名科幻作家小松左京八十年代来黄河采风时，惊异于白马寺附近的马路上每隔十几分钟就有一台红色履带式东方红拖拉机强劲有力地驶过，说感觉到了中国现代化建设的活力扑面而来。

如果说以往数千年洛阳都是以首都、古都形象示人，那么新中国成立后的洛阳成为共和国的骄子，在相当长的时间内作为中国工业区的新秀闻名。城建规划领域还有一个专有名词“洛阳模式”，是供其他地区学习的榜样。除拖拉机以外，我国第一台压路机、第一台2.5米双筒卷扬机、第一条浮法玻璃生产线、第一批汽车变速箱轴承……多个“全国第一”都在那段时期诞生于此。

洛阳终于迎来久违的辉煌，各大厂矿在行业内始终保持着深厚的实力和地位。例如矿山机器制造厂生产的矿山用大型机械在国内市场占有压倒性优势；轴承厂生产的超大型轴承和轴研究所设计的精密轴承，应用于包括“神五”“神六”在内的国防尖端设备中；铜加工厂生产的特种材料广泛用于航天、航空、兵器、舰船、通信等国防领域……为中国工业化进程做出巨大贡献。1994年，中国评选工业五百强企业，洛阳的大型国企基本全部入围。在这些大型国企的带动下，洛阳经济成为河南省的绝对龙头，洛阳人丧失已久的自信终于被重新拾起。

然而，前进的道路总是曲折的。从九十年代中期开始，随着改革开放的推进、市场经济的发展，国家开始对基础建设投资大幅度削减。计划经济时代形成的优势不再，曾经给洛阳带来荣耀的国企效益相继大幅下滑，以重工业为主的洛阳经济发展也陷入困境。更糟糕的是，以装备制造、有色金属、石化等为主的重型产业发展带来的环境污染和资源消耗问题日益严重，雾霾随之而来。21世纪前后，同省的郑州市开始发力，从城市地位、交通到经济，都全面超越洛阳。如何突破瓶颈、寻找新的经济增长点？怎样实现可持续发展？严峻的课题困扰着洛阳，那个世纪之交大概是新中国成立以来洛阳人最为焦虑失落的时期。

面对省会郑州在经济等方面遥遥领先的现实，洛阳开始反省和思索真正

航拍现代洛城中轴线（张水利 摄）

属于自己的道路。首先是发挥“工业稳则经济稳，工业强则经济强”的优势，国有企业开始直面市场经济的到来，艰难探索转型之路。将技术改造作为推动产业基础能力和产业链水平提升、厚植制造业发展新优势的主要突破口，市政府也落实制造强国建设、大力调整改造工业基地、承接产业转移和产业合作等工作，积极支持传统产业转型升级。特别是“十三五”以来，产业创新提升，市场主体活力得到充分释放，高新技术产业增加值占规模以上工业增加值比重达 44.9%。工业 CT、电子级高纯多晶硅产品等打破国外技术垄断，铜合金新产品、双动力钢轨铣磨车等填补国内市场空白[①]。地铁建设过程中能够无比自信地喊出“洛阳地铁洛阳造”的口号，再次凸显了工业城市的荣光，洛阳的经济形式终于开始实现稳中有进的良好势头。

洛河南岸大片土地曾是汉魏故城和隋唐时代的里坊区，可为城市发展提供更大的发展空间。众多政策和举措中，洛阳最大的突破就是改变原有城市格局，以洛河为中轴线，跨过洛河布局新产业、规划新城区。当时也曾有跨河后“洛阳”变“洛阴”的担心，但大街小巷、网络论坛更多的是在讨论“重振汉唐雄风”“洛阳向南、生活向上”之类的愿景。事实也证明了这个决策的正确性——“阴”“阳”平衡才是和谐发展之道，整个城市的精神面貌为之一振，进入高速发展时期。

在海外也能感受到近年洛阳影响力的增加，特别是文化方面。2020 年 12 月，日本出版中日洛阳学研究者的论文集《隋唐洛阳与东亚：洛阳学的新地平》（气贺则保规主编），提倡“洛阳学”，为国际视域下的洛阳研究助力。美国哈佛大学中国艺术实验室（Chinese Art Media Lab）结合学术研究和多媒体技术展开了“洛阳・幻城”这一极具开创性的项目，探索北魏洛阳视觉还原的可能性，并以此建立了一个邀请学者与艺术家参与共建的开放性平台。他们试图通过这个沉浸式线上展览让观众游览一千五百年前的佛都洛阳，行走在盛景空前的佛国净土中体验城市、建筑与佛像之间的虚实变换，同时体验北魏都城洛阳规划背后的时空想象以及洛阳覆灭之后深邃苍茫的文化记忆。

---

①张炜．洛阳：“工业重镇”闪耀科技创新之光，中国高新技术产业导报（2021–03–08）

洛龙区体育中心凌波湖（张水利 摄）

洛阳积极融入促进中部地区崛起、推动黄河流域生态保护和高质量发展等重大国家战略，致力于河南省副中心城市、洛阳都市圈的建设，大力扶植以旅游业为代表的第三产业，使洛阳的产业结构更均衡、产业支撑更有力。最新公布的2020年GDP数据中，洛阳成为中西部地区唯一年生产总值突破5000亿元的非省会城市，全国城市排名第45位，位列2021年底人民文旅研究院发布的《全国重点旅游城市文旅政务新媒体传播影响力》榜首。

数字只能为近年来洛阳转型成功、高质量发展做一个客观注释，真正让这里的居民和到访者感受到洛阳综合实力变化的是城市环境和品质的提升。随处可见城市书房、小游园以及超过一千公里、被称为串联古都之美的“洛阳乐道”（彩色健身步道），还有15分钟“阅读圈”“健身圈”“就医圈”都基本建成，再加上已经建成并通车的两条地铁线路，直观地向人们展示这是座既有颜值和实力，也有人文和温度的崭新的古都。

从夏商周的旧邦，到汉魏唐的辉煌，再到元明清的沉寂，中间无数次的兴废起落却屡毁屡建、文脉不绝，那些辉煌与苦难的历史，共同形成支撑这座城市发展的强劲动力源。一切过往，皆是序章，如今，这座具有四千多年历史的城市被二十一世纪的网络带入新时代，值得更多的期待。

小结

《洛阳名园记序》总结："噫！繁华盛丽，过尽一时，至于荆棘铜驼，腥羶伊洛。虽宫室苑囿，滌地皆尽，然一废一兴，循天地无尽藏，安得光明盛大，复有如洛阳众贤佐中兴之业乎！"——如今的洛阳，能够再次完成从没落故城到时代之星的蜕变，正是"众贤佐中兴之业"的结果，是每一个关爱洛阳的人共同铸就的。

第三章

风骨篇：曾是花下过客

春风疑不到天涯，二月山城未见花。
残雪压枝犹有橘，冻雷惊笋欲抽芽。
夜闻归雁生乡思，病入新年感物华。
曾是洛阳花下客，野芳虽晚不须嗟。

——欧阳修《戏答元珍》

历史是被包裹着的年轮，记录着城市的前传与童年。人是洛阳的灵魂，没有人的城市，建筑再宏伟也只是一个空壳。历史与文学的长河中，有太多自身命运与这座城市深深交织的人物，在洛阳花下生出无数传奇，令人心驰神往。形形色色的过客在属于他们的时代中，或长期生活，或深深牵挂，或不断书写和改变着这座城市，带有浓厚个人色彩的灵魂为这座城市刻下丰富的印记。

时空交叠的洛阳城中，今人身上有古人的投影，一代又一代，层层累积，形成乍看模糊不清，细品又回味无穷的整体风格。尽管每个人都是鲜活多元、瞬息变化的个体，从历史和现代的洛阳人物身上还是能够找到反映城市精神的普遍特征。城市与人在光阴流转中不断对话、彼此感召，很难说得清那究竟是城市带给人的、还是人们赋予城市的。纵使每种性格特质都有足够的纵深和复杂性，洛阳城的独特风骨还是会让每个中国人都觉得似曾相识。

厚德崇文

大哉天休何穹窿，惟王配天居域中。
东西南北乃四裔，盛德可使车书同。

——王之道《华亭风月堂避暑》

人们常说的“习惯形成性格，性格决定命运”，用于一座城市时，就是“地理形成历史，历史决定性格”。居中的洛阳，地势没有那么险要，军事防御不如偏守一隅的城市坚固，更适合追求一种高效的治理秩序，即利用地利之便，促进良性互动，构建起中央与地方的广泛认同。这种认同以文德为主，那是经过时间检验的最基本、最核心、最接近普遍真理的东西，仁义善良、淳朴孝悌都可以归于其中。

洛阳丰富到甚至有点矛盾的性格特点，在不同时期的体现和程度有所不同，但最基本的底色从未改变，那就是自古以来崇尚厚德载物。实行德政以教化天下的思想自周而始，与营建洛邑几乎同步，克己复礼成为儒家最重要的思想根源。“道德礼制”如同文化基因，自诞生之日起就被刻入这座城市的血脉，贯穿始终。

定鼎门广场大鼎（张水利 摄）

在德不在鼎

公元前 606 年，“三年不鸣，一鸣惊人”的楚庄王作为春秋五霸之一，实力强大，亲自出征讨伐王城洛阳旁边的陆浑之戎。取得胜利后得意地陈兵于洛河附近展示实力，并且傲慢地打听象征国家权力、天子地位的鼎的重量。此举僭越、挑衅之意昭然若揭，但当时的东周孱弱，徒有天下共主之名，除了京畿王城一带以外几乎没有实质权力，如何应对这场危机呢？周王使者王孙满用一句话——“在德不在鼎”，扑灭了楚王的嚣张，也留下“问鼎中原”的成语。

王孙满进一步解释：“天祚明德，有所底止。成王定鼎于郏鄏，卜世三十，卜年七百，天所命也。周德虽衰，天命未改。鼎之轻重，未可问也（上天赐福给有德之人，是有定数的。成王定鼎于此，大约有七百年是天命所在，如今虽然周德已开始衰退，但天命未改，鼎的轻重岂是你能随便问的）。”当时已形成重视礼法德规的氛围，尽管群雄并起、周王朝势弱，但天下共主的地位符合正统礼法，武力强大如楚庄王也不敢公然挑战人心道德的底线，只能无奈退兵。

除了为王孙满不畏强兵的沉着睿智喝彩之外，不得不再次叹服周武王当年超越时代、“营周居于雒邑”的选择。营建洛邑以实现“纵马于华山之阳，放牛于桃林之虚，偃干戈，振兵释旅：示天下不复用也”，显示出非同一般的高远格局。3000 年前周的创建者就试图以道德而不是武力征服天下，认识到定都洛阳可以让天下都知道自此天下太平，再也不需要武力和军队了。洛邑建成，周公昭告天下说“王敬作所，不可不敬德”，相当于为王朝做了政治定位，也给这座城市铸入了牢不可破的尚德之魂，班固用“道德之富”来形容洛阳是有渊源的。

自此，“德”似乎真的成为洛阳的天然属性，文与武、王与霸、义与利的选择中，洛阳几乎永远都与前者联系和捆绑在一起。当初刘邦定都洛阳，娄敬完全不留情面地指出：“陛下你定都洛阳是希望像周那样国祚长久吗？可是你取得天下的方式不同于周，人家是积德行善十几世，而你呢？”话说得刺耳犀利，但评价洛阳的理由却极为中肯：

> 乃营洛邑，以为此天下之中也，诸侯四方纳贡职，道里均矣。有德则易以王，无德则易以亡。凡居此者、欲务以德致人、不欲以险阻令。
>
> ——《前汉纪》卷三

这番话也可以看作往后数千年洛阳都城浮沉史的精辟总结：“有德之君到这里可以昌盛，无德之君居此会亡国，想在这个地方立足不能指望天险防御，只能汇聚人心。”精明如刘邦，被怼得哑口无言但仍不甘心，再次问计于他最信赖的张良。张良耐心地替他比较两座城市，一针见血地评价洛阳为“此非用武之国”。刘邦虽然心向洛阳，至此也彻底死心，毕竟他有自知之明，深知自己以武力夺得天下，“德”不足以配洛阳，终于下决心移都长安。

这次迁都的讨论是一次“武”与“德”的辩论，包含着许多深刻的政治哲学追问。“武”是霸道，军事强硬的手段；“德”是王道，教化人心的手段，二者不仅是治理策略的不同，更体现了一种对政治体制的认识与分类。刘邦最终的迁都，实际是基于当时的处境选择了霸道，即以武力铁腕统治国家。而曾经是太学生的刘秀则与之相反，东汉王朝义无反顾地定都洛阳，选择了相对温和的以文化力量治国的道路。暗中契合其“厌武事，不言军旅”的理念，这与周武王的“偃干戈，振兵释旅”何其相似！

非用武之地

“都邑者，政治与文化之标征也”，都城的选择反映的是当时国家与王权的性格。虽说“汉家自有制度，本以霸、王道杂之”，历代君主根据政权性质对文治与武功都是有所取舍和偏重。从某种意义上来说，都长安还是洛阳，可以视为王朝关于统治方式定位的一种宣言，所谓两汉气象不同，正是源自两座城市的气质区别。

刘秀在位33年间大兴儒学，多次表明“吾理天下，亦欲以柔道行之”（《后汉书·光武帝纪》），当部下上书请愿要求抗击匈奴时，他是这样回复的：

> 《黄石公记》曰，‘柔能制刚，弱能制强’。柔者德也，刚者贼也，弱者仁之助也，强者怨之归也。故曰有德之君，以所乐乐人；无德之君，以所乐乐身。乐人者其乐长，乐身者不久而亡。舍近谋远者，劳而无功；舍远谋近者，逸而有终。
>
> ——《后汉书·臧宫列传》

写下纪传体巨著《汉书》的历史学家班固，曾特意用一篇洋洋洒洒的大赋《两都赋》来对比分别代表两者风格的长安与洛阳。他认为在地理方面的西都“僻界西戎，险阻四塞，修其防御”，东都“处乎土中，平夷洞达，万方辐凑”；建筑方面的西都“建章、甘泉，馆御列仙，太液、昆明，鸟兽之囿”，东都“灵台、明堂，统和天人，辟雍海流，道德之富”；世风方面的西都“游侠逾侈，犯义侵礼”，东都“同履法度，翼翼济济”……如此鲜明的对比，作者

保存在山陕会馆的河洛地区古代匾额（常立新 摄）

的好恶不言而喻。他在文章中痛斥向往西都的人是“徒习秦阿房之造天，而不知京洛之有制也。识函谷之可关，而不知王者之无外也”，让东都的文化礼制，超越西都的武力奢华，赢得这场关于都邑之争的胜利，寄托了知识分子的一种理想。

清代史学家赵翼在著名的《廿二史札记》中专列出一条评价“东汉尚名节”：“驯至东汉，其风益盛。盖当时荐举徵辟，必采名誉，故凡可以得名者，必全力赴之，好为苟难，遂成风俗。”认为东汉注重名誉名节、形成风尚的原因是荐举制度。我们常说儒学兴于汉武帝的“罢黜百家、独尊儒术”，但实际上顾炎武在探讨两汉风俗时认为，“汉自孝武表章六经之后，师儒虽盛，而大义未明”，直到“光武有鉴于此，故尊崇节义，敦厉名实”，才使得“风俗为之一变”。东汉时期，忠孝仁义、道德礼信等儒家提倡的传统和标准由首善之地京师洛阳扩展到地方，逐渐渗透到民间日常生活之中，成为中国人根深蒂固的普遍价值观。

分析和定位洛阳都市风格、盛赞礼制道德的《两都赋》被奉为经典，南朝梁昭明太子选取古往今来的天下好文汇编成《文选》时，将其列为开卷的第一篇文章，可见影响深远。然而习惯了现代科学的我们，完全有理由追问：天地真的有中心吗？所谓的“占卜”就能定位吗？在此处建都为什么要“配德”？

的确，大地并没有所谓的唯一中心，洛阳天下之中的地位以及与“德”的关联，最初也许是被刻意制造出来的。其中既有古代政治需要的宣传成分，也有机缘巧合和历代文人的穿凿附会，然而，当这一点被反复强调、口口相传，被历代书籍记载渲染时，这种观念就会深入人心，不再是无稽之谈，成为有影响力的事实。正如我们常说“真正撬起地球的不是那根杠杆，而是杠杆另一端的阿基米德”一样，语言文字隐藏的力量不容小觑，因为它能直达并控制人的思想。

曾经和正在居住于洛阳的人，无声无息中丰盈着这里的内核，为城市铸入思想和灵魂。刘秀对“德”有深刻理解并身体力行地推进文治，光武中兴是必然的结果，反之亦然。东汉后期，王符作《潜夫论》记录洛阳城内礼崩乐坏、奢靡成风的景象，忧心忡忡地指出如今洛阳到处都是游手好闲的浮华之辈，担心王朝气数将尽。桓灵时的童谣“举秀才，不知书。举孝廉，父别居。寒素清白浊如泥，高第良将怯如鸡”更是一种讽刺。德行尽失的洛阳果然走向毁灭，被董卓一把火焚烧殆尽，东汉王朝也颓然倾倒。

因“此非用武之国”而被刘邦放弃的洛阳，乱世之中再次被雄才伟略的魏孝文帝拓跋宏关注。同是为了迁都而权衡再三，只不过这次比较的是平城（今大同）与洛阳。

> 国家兴自北土，徙居平城，虽富有四海，文轨未一，此间用武之地，非可文治，移风易俗，信为甚难。崤函帝宅，河洛王里，因兹大举，光宅中原。
>
> ——《魏书·景穆十二王列传第七中》

历经700年，做出抉择的人变了，对洛阳的评价却一如既往。最终孝文帝千里迢迢迁都中原的理由是——洛阳乃文治之都，非用武之地！利用险要地势、强大武力维护政权是一种务实的战略选择，但与此相比，倾慕汉家文化、意欲一统天下的孝文帝更愿意对文化教化的力量寄予希望。其实他与汉高祖同样清醒，明白迁都洛阳不仅是影响王朝性格，更是对民族未来的抉择。他深思之后还是排除万难、坚定地带着鲜卑一族来到华夏文化故国的中心地，以华夏正统自居，全面与中原汉人融合。有人惋惜孝文帝32岁英年早逝，未能完全实现他的抱负，也有人指责正是因为他选择洛阳才导致北魏王朝和鲜卑最终走向灭亡。或许可以换个角度来说，正是鲜卑这个民族主动融入华夏成为中华民族的一部分，从而获得了更长远的生命，洛阳的文化内核也因其加入而更加坚实而多元。

忠厚之风

洛阳古多士，风俗犹尔雅。
先生卧不出，冠盖倾洛社。
——苏轼《司马君实独乐园》

洛阳民俗博物馆入口处的匾额上刻写着苏轼的这几句诗。北宋年间的西京洛阳，不仅名士汇聚、名园如林，即使是声名未显的贫寒读书人，也能因品德高尚、才学卓越而受到名士的青睐和百姓的爱戴。比如邵雍，既没有考取功名，也没有显赫背景，中年时携父母来洛城定居，生活艰难却泰然处之。他高尚的德行使一城之人为之倾倒，大家不忍看邵雍居住简陋，共同凑钱为他买下房产："重谢诸公为买园，买园城里占林泉。七千来步平流水，二十余家争出钱。……尽送光阴归酒盏，都移造化入诗篇。"（邵雍《天津弊居蒙诸公共为成买作诗以谢》）

成此美谈既是邵雍的个人修为，也是洛阳特有的崇文尚德的城市环境所致。比起身份背景、金钱地位来说，当时洛阳城的士大夫更看重品德与学识，才吸引文人雅士来定居，这样的氛围确实值得苏东坡赞叹。德气粹然的邵雍强调"修善积德，君之常分"，也深深影响着这座他喜爱的城市。他与司马光共同成为洛阳城内外的道德标杆，《宋史》记载普通百姓也会互相提醒："千万别做坏事啊，小心让两位先生知道！""贤者悦其德，不贤者服其化。一时洛中

春日繁花（张水利 摄）

人才特盛，而忠厚之风闻天下。”

能在青史上以德留名者毕竟是少数，犹如浮在水面上的冰山，是由无数平凡人汇成的大潮托起来的。无论世事如何变迁，洛阳城的内核始终不改，仁厚德风弥漫在城市的每个角落。我小时候居住在洛阳老城区，每天都有推车沿街叫卖的人，油茶也好酸浆也好，块儿八毛钱就能买到足够一家人舒舒服服吃一顿的东西，即便是小孩子去买，分量也会满到即将溢出来。这样的物美廉价总是让外地人惊叹，时至今日，早餐免费续汤仍是洛阳特有的习俗。前不久，洛阳栾川老君山的一元钱自助餐上了热搜，因为不仅没人偷拿少付，最终收到的款数还总是超过预期。这件引起全国热议的事在洛阳人看来却是习以为常——不贪不占、淳朴善良本就是河洛大地绵延千年的厚道家风，千年前的

洛城志愿者（常立新 摄）

《宋志》就赞洛阳风土是“士向诗书，民习礼仪，务本立业，有周召遗风”。

《光明日报》曾在 2013 年 7 月 26 日的第一版刊登题目为《“洛阳好人”缘何辈出》的文章，探讨为什么当年仅从春节至文章撰写日期间，经媒体报道过的“洛阳好人”就有 37 人（次）之多。文章汇集洛阳的各种好人好事现象，例如一批冬泳爱好者组成全国第一支“水上义务搜救队”，成立 7 年共出动现场救助 300 余次，成功营救 50 余人；市民发起成立“雷锋车队”，3 年来坚持免费接送老弱病残者、高考生，车辆由当初的 10 辆增加到现在的 50 多辆；在江苏常州打工的洛阳女孩捡到装有 20 多万元巨款的提包后还给失主……感慨“在洛阳，‘高尚’已成为一种习惯”，并把原因归结为富有洛阳特色的公民道德教育、青少年道德培育和志愿者品牌深入人心。

这些分析当然都有道理，但还应该加上一条：河洛大地自古以来厚德崇文的环境。彰显关公“忠勇仁爱”的关林就不用说了，平常街道建筑中也多有体现。比如涧西谷水西的王祥河与孝水村，是“二十四孝”中“卧冰求鲤”的故事舞台。魏晋时期的孝子王祥为了给继母钓鱼，在冰天雪地中躺在冰封的河面上，如今此地还有各时代为提倡孝道立的纪念石碑。此外，老城区的仁义胡同本是清朝时期董、李两大户人家的一道界墙，两家在纷争中互相谦让、各退一步，形成了一条胡同，为彰显邻里互谅，被命名为仁义胡同；东关大街的文庙旧址前保留着“孔子入周问礼碑”，警醒人们关于“礼”的思考；1954 年唐东京洛阳外郭城南面三门之一厚载门遗址被发现，建设洛龙区时特意修建了厚载门街，敦促大家“君子以厚德载物”……在这样的环境下，善良仁义等最基本的道德准则成为世代洛阳人追求的行为准则，无声地影响着人们。厚德崇仁是洛阳最基本的城市气质，也是中华民族的优良传统。

所谓“天命”其实并没有那么神秘，只是千百年来人们的自我选择。洛阳位置居中，有群山拱卫却不完全封闭、便于文化扩散传播的地形条件造成了其特殊的历史经历。数次都城兴废，时代潮流筛选掉武装暴力、没有道德底线的王朝，眷顾温和包容、文治教化的政权。有人遗憾以洛阳为都的朝代虽多却大都短命，我却觉得这正是这片土地的神奇之处——它以独特的方式提醒世人：强权暴力看似强大、一时坚不可摧，却敌不过长久的道德人心。“德”与“文”是洛阳城无形的地基，尚德崇文相得益彰，否则便会丧失根基、坠向深渊。无论是历史上的封建王朝还是今日生活在这里的普通个人，都必须接受这座城市的检验。

诗情飘逸

曾经流行过一句让人扎心的话："洛阳停留在唐诗的盛赞之中，却处在现实中的边缘"，大约是对曾经的辉煌与当今社会地位落差的讽刺。对后半句的理解可以见仁见智，但对前一句必须更正，因为盛赞洛阳的诗篇，并不只是唐诗。

风雅渊源

关关雎鸠，在河之洲。
窈窕淑女，君子好逑。

——《诗经·国风·周南·关雎》

这几句大概是每个中国人都最为熟知的古诗之一吧？数声鸟鸣来自周时的黄河岸边，带着中国传统而独特的爱情韵味，出现在华夏文明的源头《诗经》的第一篇、第一句，南朝宋裴骃《史记集解》中注释说："古之周南，今之洛阳。"关于洛阳的诗词篇秩浩瀚，华夏大地上最古老的诗篇中就已有洛阳风物的身影。在古洛阳周南唱着这首歌谣的人们无法想象未来世界将会发生怎样的巨变，但他们创造的这首歌谣却被新世界的人们传唱至今，依然朗朗

洛浦晨曦（李建青 摄）

上口。

《诗经》不仅是我国历史上第一部诗歌总集，也是中国古代诗歌的开端、韵文的源头。描写古代河洛儿女生活和爱情的这首《关雎》被放在《诗经》卷首，连带着让洛阳这个地域也成为中国诗史的一个光辉起点。《诗经》的三大主题，各地风土歌谣的“风”，王畿之乐的“雅”，专用于宗庙祭祀的“颂”，都有不少涉及洛阳的篇章。内容多彩多样，既有庄严正统的“瞻彼洛矣，维水泱泱”（《小雅》），也有深沉忧郁的“知我者，谓我心忧，不知我者，谓我何求”（《王风》），还有反映民俗的“桃之夭夭，灼灼其华。之子于归，宜其室家”（《周南·桃夭》）等名篇。3000 年前洛阳一带的社会现实和人们的精神风貌、情感世界都伴随着这些诗歌，作为华夏文明的曙光展现在我们面前。

洛阳一直被文人特别关注并有意地融入文学创作，古诗词世界里的相关诗篇俯拾皆是。很多时候，关于洛阳的诗歌与历史的关系是“你中有我、我中有你”，已经无法分辨清楚哪些是“诗”，哪些是“史”。而“洛阳”这个词本身就体现一种特有的文化认同，已经超越地名范畴而作为文人心灵的栖居地出现，成为诗意的象征。

文人之爱

天下爱洛阳的人很多，农人爱这里土地肥沃宜居，商人爱这里九省通衢富庶，浪子爱洛阳佳丽温柔，将军爱八关拱卫形胜，帝王爱天下之中的王气。然而这些爱过于现实和功利，一旦条件不能满足他们需要时，就会被弃之如敝屣，一如当年汉高祖“雷厉风行”地迁都长安。真正最爱这座城市的，还是书生——唯有他们对这座城市的深情是没有条件的，荣华时的赞叹、平淡时的欣赏、破败时的心疼，都化作一首首诗歌，低吟浅唱于无尽的历史时空。

未到过洛阳的文人常对这座城市投以想象，既有憧憬也有不安。东吴名门之后陆机在亡国后被迫出仕西晋，太康十年（289）携弟陆云奔赴洛阳，写下《赴洛道中作二首》：“悲情触物感，沉思郁缠绵。伫立望故乡，顾影凄自怜”，表达思乡之情和对前途未卜的担忧。兄弟两个战战兢兢地走向洛阳城，多年之后仍不忘借《为顾彦先赠妇》之作表达千里之外的人对洛阳生活的忐忑联想，哥哥陆机说“辞家远行游，悠悠三千里。京洛多风尘，素衣化为缁”，弟弟陆云说“山河安可逾，永路隔万里。京室多妖冶，粲粲都人子”。

遥望神都（李炜 摄）

而同样是去往洛阳，武则天光宅元年（684）的陈子昂则自信得多，颇有展望征途之感。他送别朋友写下《春夜别友人二首》，其一曰："明月隐高树，长河没晓天。悠悠洛阳道，此会在何年。"虽有离愁别绪却基调高昂明快，被清人纪昀赞为："此种诗当于神骨气脉之间得其雄厚之味。"

然而戏剧性的是，真正抵达洛阳并生活一段时间后，他们的心境却发生反转。陆氏兄弟入洛正值太康盛世，所谓"民和俗静，家给人足"(《晋书·武帝纪》)，他们克服南北差异，很快融入，文才倾动一时，与顾荣并称"洛阳三俊"，成为当时文坛的主角。陆氏兄弟似乎很享受在洛阳的生活，成为金谷园的常客。陆机获得"陆才如海"的美誉，虽然因左思抢先写出引起轰动的《三都赋》而懊恼，但还是作《洛阳记》条理清晰地记录当时洛城的风貌。对一个地方若是没有足够的热爱，是很难不厌其烦地详细记载每一座楼台地名的。他们对洛阳与家乡的情绪应该是复杂的，周一良认为陆机入洛后，犹自称"蕞尔小臣，邈彼荒域"(《皇太子宴玄圃诗》)，陆云《答张士然诗》亦有'感念桑梓域，仿佛眼中人'之句，具见自卑情绪与桑梓之感。而八王之乱中他们却并没有选择返乡，反而主动卷入洛阳权力中心的八王之乱，督20万大军进攻洛阳，遭构陷被害时方才感叹"华亭鹤唳，岂可复闻乎"。

与此相对照的是，陈子昂到洛阳以后，虽然曾经获得女皇武则天的重视，走上仕途，但终究无法舒展抱负，他在《答洛阳主人》中写道："平生白云志，早爱赤松游。事亲恨未立，从宦此中州。"尽管正值神都最盛时期，诗人面对宫阙壮丽，却深有理想破灭、遗世独立之感，在洛期间很少描写景物，留下的几乎都是针砭时弊、抒发感怀的诗文。千古名句"前不见古人，后不见来者。念天地之悠悠，独怆然而涕下"是随建安王武攸宜出征途中写下的《登幽州台歌》。他已看透人生时事，一种苍茫的孤寂扑面而来，这次出征回洛不久就辞职还乡了。

洛阳这座城市总能牵动诗人的心绪，即便没有机会亲自去体验，但也令人念念不忘。《乐府诗集》中有《洛阳道》《煌煌京洛行》《洛阳行》《洛阳女儿行》等围绕洛阳的曲目名称。"洛阳佳丽所，大道满春光"(梁简文帝《洛阳道》)、"洛阳大道中，佳丽实无比"(沈约《洛阳道》)、"佳丽娇南陌，香气含风好"(陈后主《洛阳道》)……仿佛随处都可以邂逅洛阳。

绿柳三春暗，红尘百戏多。
东门向金马，南陌接铜驼。
华轩翼葆吹，飞盖响鸣珂。
潘郎车欲满，无奈掷花何。

——徐陵《洛阳道二首》其一

这首诗的作者徐陵在历史上曾被称为“一代文宗”，当时梁陈时期的军书、诏策多出自他之手。这样一个南朝文坛的领袖人物，却愿意想象着洛阳城中的绿柳红尘、金马铜驼，甚至还给城市场景中添加故事性，让美男子潘岳上演“掷果赢车”的成语故事，有声有色，别有一番趣味。

《乐府诗集》收录的仅南朝时代的《洛阳道》诗作就有 18 首之多①，作者几乎都是无缘见识洛阳真实面貌的南朝士人。他们在南北朝壁垒森严的对峙中，通过诗文畅想着那条通往洛阳的大道。上至南朝的皇帝大臣，下至普通文人，都喜欢用想象去描绘和美化这座位于敌方阵营的都城，甚至不惜堆砌最华丽的辞藻。也许对于他们来说，无法到达的洛阳如同他们回不去的故乡，唯一能做的，就是在幻想和诗歌中，让它成为一座永远春光明媚、香艳浪漫之城。

深居洛城

与平生不曾到过洛阳、只能凭空想象的人相比，到过这座城市的人，不知道是一种幸运还是不幸。因为面对真实的洛阳并生活在其中，远比想象的更加立体复杂。尽管五味杂陈，诗人们还是愿意将这里的一切行诸笔端。

忆昔洛阳董糟丘，为余天津桥南造酒楼。
黄金白璧买歌笑，一醉累月轻王侯。

——李白《忆旧游寄谯郡元参军》

①日本学者橘英範对这个问题进行了研究，发表橘英範．六朝詩に詠じられた洛陽［J］．岡山大学文学部プロジェクト研究報告書，2008（10）：31–62．

洛城一别四千里，胡骑长驱五六年。

草木变衰行剑外，兵戈阻绝老江边。

——杜甫《恨别》

白雪楼中一望乡，青山簇簇水茫茫。

朝来渡口逢京使，说道烟尘近洛阳。

——白居易《登郢州白雪楼》

李白飘逸如岚，杜甫沉郁如潭，而白居易在洛时间最长，更习惯用平实的语言呈现深情。白氏几代人的老宅在洛阳毓财里，那也是他少年时居住的地方。乐天晚年筑园定居履道坊，一生写过800余首关于洛阳的诗作，既有青少年时期的回忆，也有中年漂泊时的怀念，更多的则是老年定居洛阳后的欣然，点点滴滴，乐此不疲。

他用“唯此不才叟，顽慵恋洛阳”（《饱食闲坐》）、“老爱东都好寄身，足泉多竹少埃尘”（《赠侯三郎中》）、“看雪寻花玩风月，洛阳城里七年闲”（《闲吟》）反复宣告着自己的洛阳情结。无论身在何处，总是心向洛阳，“相思临

定鼎门华灯初上（张水利 摄）

水下双泪，寄入并汾向洛川”（《游晋祠上李逢吉相公》）、“乡心坐如此，秋风仍飒然”（《忆洛下故园》）……即便是风景秀丽的苏杭也挡不住诗人思归的乡情：“忽忆东都宅，春来事宛然……宦情薄似纸，乡思争于弦。岂合姑苏守，归休更待年。”（《忆洛中所居》）

乐天长眠的白园（常立新 摄）

有人评论白居易晚年诗作太多，文学性不高。这个结论似乎也没错，但我觉得应该理解的是，乐天诗作越到晚年越率真浅直，他不再刻意去锤炼字句，而是直接把自己活成了诗。对于此时的诗人来说，诗只是信手拈来的表达工具，冥思苦想的遣词造句最该刻意摒弃。写诗与其说是文学创作，不如说是生活本身的自然流露，是归乡安居的一种陶然。

比如时任河南尹的白居易60岁时新制一件绵袄，他欣喜的同时，没有忘却世间还有受苦的寒民，于是发出“争得大裘长万丈，与君都盖洛阳城”（《新制绫袄成感而有咏》）之叹。再如年纪越大越爱香山禅居生活，要求埋骨于香山，还说“且共云泉结缘境，他生当作此山僧”（《香山寺二绝》），不仅今生今世，连来生都预约了。

晚年白居易的诗，从针砭时弊转向事无巨细地记录生活。某个下午“闲绕洛阳城，无人知姓名”（《城东闲行因题尉迟司业水阁》）；与朋友相聚“今年共君听，同在洛阳城”（《开成二年夏闻新蝉赠梦得》）；友人故去，“只应嵩洛下，长作独游人”（《微之敦诗晦叔相次长逝岿然自伤因成二绝》）……他所有的行动、心情、人生轨迹，都化作诗意深深融入这座城市，不加修饰的平实话语中反而更有一种质朴的力量。最打动我的是那句孤单絮语“自问老身骑马出，洛阳城里觅何人”（《自问》），老友凋零的凄凉直击人心。

水南冠盖地，城东桃李园。
雪消洛阳堰，春入永通门。

——白居易《洛阳春赠刘李二宾客》

津桥残月晓沈沈，风露凄清禁署深。
城柳宫槐谩摇落，悲愁不到贵人心。

——白居易《早入皇城赠王留守仆射》

晴阳晚照湿烟销，五凤楼高天泬寥。
野绿全经朝雨洗，林红半被暮云烧。

——白居易《五凤楼晚望》

上苑风烟好，中桥道路平。

——白居易《洛桥寒食日作十韵》

龙门涧下濯尘缨，拟作闲人过此生。

——白居易《龙门下作》

南出鼎门十八里，庄店逦迤桥道平。

——白居易《秋日与张宾客舒著作同游龙门醉中狂歌》

……

在洛阳生活了几十年的白居易，对这里的一切都太过熟悉，用他自己的话说：“洛城内外六七十里间，凡观、寺、丘、墅有泉石花竹者，靡不游。人家有美酒鸣琴者，靡不过。有图书歌舞者，靡不观……”（《醉吟先生传》）他用一支笔，让这座城市的边角枝叶、四季阴晴、生活细节都化为绝妙的诗行，如密码般散落积淀于白氏诗文的卷帙中，建筑格局、城居生活、风土特色、民俗人情都在其中。难怪千年之后依据这些诗文，王铎等园林专家绘制出相当详细的《白居易履道里宅园想象鸟瞰图》，而霍宏伟等考古专家则构筑出一座具有隋唐韵致的洛阳城。

校园四月花如海（黄婕 摄）

看尽洛城花

把酒祝东风，且共从容。垂杨紫陌洛城东。总是当时携手处，游遍芳丛。　　聚散苦匆匆，此恨无穷。今年花胜去年红。可惜明年花更好，知与谁同？

——欧阳修《浪淘沙》

另一位把洛阳写成诗、也把自己活成诗的人是欧阳修。他与洛阳的初见是进士及第后，任西京洛阳的留守推官，主要职责是协助西京留守钱惟演。同僚有梅尧臣、尹洙、苏舜钦等，可谓才俊汇集，这段时间大约是欧阳修人生中最轻松惬意的时期。他们游遍洛城，对这里的亭台楼阁、四季草木都观察入微："汉妃束素，小蛮垂柳，都占洛城腰"（《少年游》）、"洛阳城阙中天起，高下遍楼台"（《少年游》）、"常忆洛阳风景媚，烟暖风和添酒味"（《玉楼春》）……停留的时间越久，欧阳修似乎就越珍爱这座城市，"客路逢寒食，花山不见花。归心随北雁，先向洛阳家"（《花山寒食》），已经将这里当作家了。

欧阳修《洛阳牡丹记》塑像（于占豪 摄）

尊前拟把归期说，未语春容先惨咽。人生自是有情痴，此恨不关风与月。　离歌且莫翻新阕，一曲能教肠寸结。直须看尽洛城花，始共春风容易别。

——欧阳修《玉楼春》

然而，作为范仲淹一派遭到贬官，不得不离开时，离愁也格外深重。“聚散苦匆匆，此恨无穷”，“直须看尽洛城花，始共春风容易别”，“曾是洛阳花下客，野芳虽晚不须嗟”……字字句句间都是对洛阳的不舍与难忘。只有把“洛城花”完全“看尽”才舍得告别，既然做过“洛阳花下客”，就不再遗憾，这种即使万般流连也接受命运安排的坦然，正是欧阳修自谓的“人生自是有情痴”，也是王国维认为欧词“豪放中有沉着之致”的缘故吧。

流淌的诗意

还有元稹、刘禹锡、陆游……文人墨客都有深沉的洛阳情结，用无数或质朴或华丽的辞藻，全方位记录着洛阳，仿佛特意在以文字永恒的生命力去抗衡岁月磨蚀和人为破坏。如他们所愿，美人迟暮，地老天荒，只有诗的语言不老不死、常读常新。洛阳的那些盛景、故事、生命，都在诗篇中得到延续。在人们的吟诵声中，暗黄纸页间的文字诗行成为洛阳灵魂的一部分，美丽而持久。有了“洛阳亲友如相问，一片冰心在玉壶”“乡书何处达，归雁洛阳边”“谁家玉笛暗飞声，散入春风满洛城”，就有了精神源泉与归宿，有足够的力量抵御世间沧桑和心灵麻木。

一代又一代的诗人在历史的烟尘中隐退，他们留给洛阳的独特文学精神和文化遗产却经历时间的淘洗而愈发熠熠生辉，让诗的气息弥漫在街市深处与人们心头。2019 年《中国诗词大会》第四季赛场，洛阳女孩邓雅文在高手云集的舞台上大放异彩，凭借丰厚的古诗词素养创下四次守擂成功的神话。13 岁的她还只是初中生，却已经能淡定自信地将古诗词运用得恰到好处，给全国观众留下了深刻印象。

第四次守擂成功时，一位同班同学的家长当场即兴写诗祝贺：“雅文聪眸聚碧兰，文堂莺语魁牡丹。才似道韫京城动，女自神都洛水边。”守在电视机前为她助战的人也纷纷在朋友圈用原创诗歌表达激动心情：“洛城又出美少年，雅文守擂妙语连。学富五车连三甲，搅得诗坛烽火燃。”“中原大地名人顾，自古洛阳人才出。前年底蕴今犹在，牡丹丛中雅文儒。”“洛阳女儿面似花，腹有诗书气自华。何须浅碧深红色，自是花中第一流。”……连当时的市委书记也亲自作诗点赞：“自古河洛蕴英才，今朝雅文尤出彩！”[①]

王小波说过：“一个人只拥有此生此世是不够的，他还应该拥有诗意的世界。”当诗词成为当地生活的一部分、成为一种习惯时，这座城市的生命自然被诗意占满。如果你还没有找到属于自己的诗意世界，建议你来洛阳吧，在这座诗情飘逸的城市寻找自己的旋律和节拍。

---

①郭歌．洛阳才女邓雅文又火了：让更多的人能够认识洛阳、感受洛阳，河南日报客户端（2021-04-24）https://baijiahao.baidu.com/s?id=1697902968864973488&wfr=spider&for=pc

中和安乐

在洛阳随便一片土地都可能蕴藏着一段故事，踏上去便与古人在不同时空有了交汇。非凡的历史遗产带给居民的一种文化自信，让人错以为洛阳人普遍有点“傲”。其实这种傲气或许只是一种“平静”——见惯盛衰悲欢的纷繁世象，内心是劫后余生的平和淡然。

儒释道的大和谐

四方辐辏的中央位置，乍一看不南不北，缺乏鲜明特质，实际上却如基因一般长期影响着洛阳文化和人的心态性格。“中”意味着不偏不倚、不走极端，造就洛阳文化特有的包容性，连儒释道这类有宗教性质的思想，在洛阳也会保持恰到好处的平衡。凤凰卫视制作的极具影响力的《纵横中国——洛阳篇》中曾有一段话流传甚广：“如果还有另外一个城市同时拥有三符（河图、洛书、八卦）、三代（夏商周的都城）、三教（儒释道）、三学（经学、玄学、理学），则洛阳把圣城的称号拱手相让，如果没有，则洛阳却之不恭。”

洛阳的有趣之处在于，与儒释道思想都渊源深厚，儒、释、道三足鼎立，势均力敌。

孔子曾说“郁郁乎文哉，吾从周”，“如有用我者，吾其为东周乎”，洛阳

洛阳老君山道观祥云（张水利 摄）

作为孔子理想国的周之都城，从礼乐制度的诞生到儒学兴盛、理学复兴，始终与儒学绑定在一起。同时，洛阳也是道学肇始之地，神秘的河图洛书被看作《周易》的起源："河出《图》，洛出《书》，圣人则之。"（《易・系辞上》）河图洛书被古人加以神化，导致谶纬之风盛行，为民间道教的盛行打下基础，而老子居洛阳多年，完成《道德经》才出函谷关。似乎是巧合，洛阳还是佛教初传及兴盛之地，佛教进入中国后最先在此生根发芽，如汤用彤所言："洛中自汉以来，已被佛化。"澄明的佛性也被注入洛阳城的气质中。

在洛阳盛行的各种思想、宗教之间会有竞争对抗，也有此消彼长、互相制约的时候，却不会势同水火、不共戴天。三家都在不同时期的洛阳辉煌过，却无法长久地一枝独大，反而融合渗透、彼此影响。难怪近来老君山突然走红网络后，会有人问出"为何洛阳老君山是道家场地，却处处供奉佛"之类的问题。

河洛大地提供最适宜的环境，让儒释道的种子在这里萌发、成型，无论是作为思想学问还是作为民间信仰形式，都能得到充分成长与发展。它们不是单纯的闭门自我发展，而是在碰撞中彼此参与。这一点在外来的佛教上最为明显，传入时的东汉时期正是儒学盛行之际，西域高僧来到白马寺后主要以佛经翻译为主。由于早期佛经翻译的语言障碍很难克服，难以找到与佛教理论、观念、范畴相对应的汉语词汇，只能依附于黄老之学，从道家、儒家文化里找比较接近的概念语言表达佛教术语。后来玄学兴起，玄佛合流为佛教的兴盛提供时机，传播过程中采取了调和佛儒的方法。佛教扎根中国本土自洛阳而始，受到同在洛城的儒、道思想的强烈影响和渗透，成为明显区别于发源地印度佛教的汉传佛教。

北魏泥塑（黄婕 摄）

这神秘的微笑来自洛阳永宁寺的泥塑菩萨。流畅的轮廓，微扬的嘴角，都洋溢着从容之美，眼部以上部分的残缺也难掩其生动的神采。永宁寺是北魏胡太后为母亲所建的皇家佛寺，所以可以建造等级最高的九层浮屠。为亲人舍宅成寺的行为在北魏洛阳大行其道，此类为逝去亲人建寺祈福的行为表面崇佛，实质却是儒家孝道的体现。可见佛教的盛行并未从根本上动摇儒家思想，人们的思维方式仍然是重视血缘衍生出的家族亲情关系，具有儒学特色。而且，人们造佛像，拜菩萨，以祈求福报，明显糅合了本土道教的神仙方术信仰。当时的洛阳人多俱有佛教与道教的双重信仰，对佛教的理解也并未跳出道教的窠臼，甚至有人把太上老君和菩萨放在一起拜。《洛阳伽蓝记》记载的北魏洛阳城实际上是儒释道交叉呈现的舞台，其本质是儒家的人生观，佛教的外壳和道教的表现方式。

洛阳人的生活已经习惯于各种势力、流派并存的状态。隋唐洛阳城中儒家礼制建筑与佛堂、道观并存的景观比比皆是，比如著名的明堂与礼佛用的天堂在同一中轴线上，并列成为神都的代表性建筑。2019 年刚刚发掘完毕的佛教寺院龙兴寺与道场龙兴观遗址，因一佛一道隔着定鼎门街两两对望而引起世人关注。这两处建筑分别属于宁人坊和明教坊，目前隋唐洛阳城“两坊一街”复原工程正在进行，或许这两座各自代表佛、道的千年古建将重现人间。就连一代女皇武则天，大兴土木捐钱修造龙门卢舍那大佛、大力宣扬自己是就是弥勒佛转世，也不否认道教的价值，晚年甚至派道士到嵩山投递金简，以大周国主武曌的身份上表于天，说自己“好乐真道，长生神仙”。

龙门石窟惊现“神牛图”（转载于洛阳网）

最神奇的是，2021年一名游客与家人参观龙门石窟时，无意中拍到奉先寺的轮廓如同一幅“神牛图”，立刻引发了热议。不少记者去现场调查，证实在龙门石窟东山向对面望奉先寺，远观的轮廓在特定的视角中的确像极了一头“神牛”，卢舍那大佛等佛像正好位于“神牛图”的中央，画面十分奇妙[①]。

> 门径萧萧长绿苔，一回登此一徘徊。
> 青牛谩说函关去，白马亲从印土来。
> 确实是非凭烈焰，要分真伪筑高台。
> 春风也解嫌狼藉，吹尽当年道教灰。
>
> ——唐无名氏《题焚经台》

龙门石窟的神牛图令人想起这首唐诗，日本《续藏经》本宋释子昇、如祐辑《禅门诸祖师偈颂》称此诗为唐太宗《题白马寺》。虽然诗的作者是否为李世民尚不确定，但内容无疑与洛阳密切相关。老子留下《道德经》骑青牛出函谷关，东汉永明求法白马驮经传入佛教，青牛与白马的典故分别象征着道家与佛家，洛阳是连接它们的共同点。如今偶然发现卢舍那大佛借助阳光阴影出现在神牛影像腹中，虽然纯属巧合，却无比精妙地展现了洛阳文化元素错综复杂，你中有我、我中有你的特点，令人称奇。

---

①洛阳网 2021.05.18 龙门石窟凸显“神牛图”http://news.lyd.com.cn/system/2021/05/18/032044642_01.shtml。

何止儒释道，被视为最早进入中国的基督教派景教、外来摩尼教的穆护、祆教的祆祠等，很多本应势如水火的宗教信仰都在古代洛阳和谐共处。2009年在龙门石窟西山北段新发现一处刻有清晰十字架图案的唐代景教瘗穴，是目前所知国内最早的景教墓葬遗迹。以实物遗迹证实同一个地方可以供奉不同的神祇，在别处难以想象的情景却真实而自然地存在于洛阳。

中和之气

> 忆昔午桥桥上饮，坐中多是豪英。长沟流月去无声。杏花疏影里，吹笛到天明。　　二十余年如一梦，此身虽在堪惊。闲登小阁看新晴。古今多少事，渔唱起三更。
>
> ——陈与义《临江仙·夜登小阁，忆洛中旧游》

在辽金南下的烽烟中逃往江东的洛阳人陈与义，面对江南美景总是回想起洛阳往事。今洛阳市东南伊水边有午桥村，唐代宰相裴度和宋代宰相张齐贤先后在午桥附近建有别墅，“午桥碧草”位列洛阳八小景之一。陈与义忆洛中旧游，感慨的是多少唐宋名士曾在此纵情诗酒、酣宴终日，古往今来大事转瞬即逝，只有把往事编成歌谣的渔夫低声吟唱到半夜。的确，喜欢谈古论今的洛阳人，笑谈中内心总会多些淡定与安稳。毕竟这是有文字记录历史最长的地方，在成败兴衰、是非功过不断颠覆和反复循环中，人们逐渐学会跳出“一时一事”的局限，用更平和长远的视角看待事物。

垂钓洛河（李炜　摄）

全国人民都喜闻乐见、最爱模仿

的河南方言是“中”字，喜剧小品里但凡模仿河南人说话，挂在嘴边的必然就是加了长音、变了声调的“中”。其实，“河南”在历史上相当长的一段时间本就是专指黄河南岸的洛阳，这个大家公认最有河南味道的“中”字，也正是出于洛阳地处天下之中的厚重历史，最能体现洛阳人的性格特点。

儒家中庸、道家超然、佛家慈悲，混成一股中和之气，投射在洛阳人不偏不倚、彼此尊重的处世原则中。这时时处处都注意保持平衡的中和，延伸开来便是不强求的安然自在。经历过大起大落已无所谓羡慕嫉妒恨，看过太多荣华与毁灭的人更容易心平气和地接受现实——对洛阳人来说，既然世事无常，还有什么比当下的自在更重要？早早看淡世事无常，明白纵然天大的事情也终会过去，也算是生活在有历史文化底蕴城市的一种幸运吧。

安乐之心

一去二三里，烟村四五家。

亭台六七座，八九十枝花。

——邵雍《山村咏怀》

这首数字小诗是现代小学低年级课本的必修课文，没有淡雅闲适的心境，很难仅用寥寥数字就营造出悠然的意境。写诗之人是理学家邵雍，被钱穆称为“儒门中的庄子”，非儒非道却尊儒崇道。也许是杂糅的思想内涵，也许是藏在骨子里的诗情，本不是洛阳人的邵雍却与这座城市无比契合，“爱其山水风俗之美，始有卜筑之意”，终于在游历天下、人到中年后举家迁居这里。

前文已经提到，邵雍是幸运的，洛阳果然是最适合他的地方。尽管没有任何关系和根基，“初至洛，蓬荜环堵，不芘风雨，躬樵爨以事父母”，却把居所称作“安乐窝”，自号“安乐先生”。他对“生于忧患、死于安乐”反其道而行之，不积极考取功名、进入仕途，只是顺其自然地享受现有的生活。这种“怡然有所甚乐，人莫能窥也”的超然气度很快就引起洛阳士人的注意，全城上至名士官卿、下至庶民百姓，都真心地敬重他的德行才学。

荆紫山杏花（张水利 摄）

夏住长生洞，冬居安乐窝。
莺花供放适，风月助吟哦。
窃料人间乐，无如我最多。

——邵雍《尧夫何所有》

安乐窝中弄旧编，旧编将绝又重联。
灯前烛下三千日，水畔花间二十年。
有主山河难卢籍，无争风月任收权。
闲吟闲咏人休问，此个功夫世不传。

——邵雍《安乐窝中吟》

无论是当朝重臣富弼、司马光，还是文化名人程颢、程颐，甚至不识字的老百姓，邵雍都真诚相待、交往自如。有人为他凑钱买别墅，他受之坦然，称“所寝之室谓之安乐窝，不求过美，唯求冬暖夏凉”；与人讨论学问，他总是因材施教，不事张扬地用对方能听懂的语言切磋指导；老百姓求签问字、家长里短的杂事，他也欣然相助。一架小车悠闲地在洛阳城内随走随停，到哪里都深受欢迎。

半醉上车儿，车儿稳碾归。
轻风迎面处，翠柳拂头时。
意若兼三事，情如拥九麾。
这般闲富贵，料得没人知。

——邵雍《半醉吟》

这如同大白话一般的诗，谈不上文采，却传递出实实在在的满足与喜悦——这个人正在真心享受洛阳的这段时光。人们只要听到车响就会出门相迎，亲切地省去姓名直接说“先生来了”。很多人家还准备好住处，仿照他的“安乐窝”戏称为“行窝”，随时欢迎他来讲学聊天。《宋稗类钞》《懒真子录》等当时的笔记杂文都有记录，并总结说“非独见其心术之妙，亦可想见洛中士风之美。”

邵雍祠（常立新 摄）

邵雍与洛阳的关系就是如此水乳交融，定居后的自在心情反复出现在他的诗歌中。“卷舒在我有成算，用舍随时无定名。满目云山俱是乐，一毫荣辱不须惊”（《龙门道中作》）、“民间有此乐，何必待封侯”（《游洛川初出厚载门》）、“量力杯盘随草具，

生命的质感（王栾生 摄）

开怀语笑任天真”（《闲适吟》）……与其他诗人不同，邵雍《击壤集》二十卷，几乎所有的诗文都透着由衷的安然快乐。人生的最后时刻，他写下《病中吟》：“尧夫三月病，忧损洛阳人。非止交朋意，都如骨肉亲。荐医心恳切，求药意殷勤。安得如前日，登门谢此恩。”没有悲伤难过，只是感恩，微微遗憾不能像从前那样登门感谢那些关爱自己的洛阳人。

和魏孝文帝、白居易等一样，邵雍也是一个主动选择奔向这座城市的人，不仅把余生融入其中，也把骸骨永远留在这片泥土之下。1077 年，67 岁的安乐先生仙逝，葬于洛阳伊川，墓园名为“安乐佳城”。“安乐”是真正贯穿他一生的关键词，他用自己生前身后的人格魅力，潜移默化地影响着洛阳的风土文化，留下的遗产既有推究宇宙起源、自然演化和社会历史变迁的著作《皇极经世书》和易学思想，也有“贤者悦其德，不贤者服其化，一时洛中人才特盛，而忠厚之风闻天下”的影响，更多的是平和淡然、自在安乐的人生态度。

洛阳至今保留邵雍祠堂以及安乐窝、安乐镇等正式地名，是当地人对邵雍的纪念和对他人生态度的推崇。“心安即乐”已成为洛阳人世代传递的一种特质，无论外界境遇如何，内心深处可以有一处“安乐窝”，只要自己愿意，总能乐对人生。

中和安乐是不强求外界和别人，在内心设定一个笃定的圆心，均衡地丰盈自我，修炼凝聚于内在的平和满足以达到圆满，所以说这种性格特质实质上还是契合了洛阳“天下之中”的文化本源。不过特质总有两面性，中和安乐的优点是温和宜人，自带一种从容的光环，缺点则是对现实有一定的抽离感、对金钱不敏感。20 世纪 90 年代从计划经济体制向市场经济体制递进的过程中，洛阳没能紧紧跟上时代脚步而经历剧痛大概就是其负面效应吧。洛阳人骨子里的“人随贫富自乐，于货利不急也”的评价，也体现为不善于敏锐地捕捉市场大潮的商机，所以国有企业转型的阵痛相比其他地方更为刻骨铭心。

守正创新

洛阳人的思想和气质有顺其自然、随遇而安的一面，不容易产生激烈的情绪，但平时沉稳的洛阳人，遇到某些契机也会爆发出无限豪情和创造力，比如被触碰到底线时。洛阳人心中的底线，除了法律和道德的底线以外，还包括对“正”的坚守。居住在河洛大地上的人们对于“正确”“正义”“正统”等看不见、摸不着的抽象事物，天然有一种要守护的强烈欲望，不惜用意志、信念、勇气甚至生命去完成——“守正创新”是洛阳的另一个城市特质。

守正之源

如果说人的性格与命运相互影响，那么一座城市的地理与历史也彼此映照，从而决定了城市的气质。守正创新，仍然是“天地之中”这个地理位置和3000年的历史带来的国民性格投射。洛阳人所坚守的“正”的源头在哪里？为什么要守？

先秦时代被视为“天下之中”的洛阳，向来以正统自居。旧居洛阳的欧阳修以“居正”和“一统”作为判定“正统”的标准，他在《正统论》论中提出：“正者，所以正天下之不正也；统者，所以合天下之不一也。……夫居天下之正，合天下于一，斯正统矣。”正统观作为一种深层的历史观念，一直影

古城国庆（常立新 摄）

响着中国人的思想和行为。

人人皆知“富贵不能淫，威武不能屈”，历史上无数仁人志士受到这句话的鼓励而不畏强暴、坚持正义，却少有人注意到孟子在这句话之前说的是：“居天下之广居，立天下之正位，行天下之大道。”虽然可以有多种解读，但最基本的字面意思就是君子应该住在天下最广大的居所，站在最中正的位置，走最广阔的道路，强调空间对行为和精神的影响。

中国自古有以“中”为“正”的传统，当代学界泰斗饶宗颐谈到中国史学上之正统论的理论根据时说：“皇甫湜揭‘大一统所以正天下之位，一天下之心’。欧公继之，标‘居正’‘一统’二义。由是统之意义，由时间转为空间。”认为历史上的正统论皆从空间立论，对后世影响极大，元世祖之灭宋即由此一观念所策动。长期居于天下中心位置的洛阳人，无意中已自觉形成履行“居天下之中，行天下之正”的责任感。

“守正”是一种身份和文化的认同，包含着对祖国、民族深深的热爱。当这一点受到挑战时，温驯平和的洛阳人会爆发出惊人的热血和气势，出人意料。比如 80 年代，美国激流探险家肯·沃伦买下我国长江首漂权、准备漂流长江的消息一出，立刻激发了全国青年的爱国之心，纷纷表示中国的山河首先

洛阳体育博物馆展出长江黄河漂流队资料（常立新 摄）

应该由中国人征服。然而喧嚣声中最早行动起来的是洛阳青年郎保洛、王茂军、雷建生、张军、杨红林、孙志岭等 8 人，他们发起组织的中国洛阳长江漂流探险队后来增加到 17 人。

1986 年 5 月，8 位长漂队员从洛阳火车站悄然出发。他们靠自制的简陋设备，闯过金沙江，穿越虎跳峡，实现了人类有史以来第一次用无动力漂浮器材征服 6300 多公里的长江全程。有雄厚资金和丰富经验的美国探险者也无法完成的壮举，被这群没有经验的非专业人士，完全凭着一腔洛阳男儿的热情和孤勇完成了。

随后，以原洛阳长江漂流探险队部分队员为主，再次组队对黄河漂流进行挑战，成立了河南黄河漂流探险队。这次有 20 位洛阳青年踏上了挑战极限的征程，队长是雷建生和郎保洛。他们于 1987 年 4 月中旬奔赴黄河源头，经过 148 天的艰苦拼搏，终于一寸不落地完成了对全长 5464 公里、落差 4700 米的黄河全程漂流。这是中国人首次用无动力工具完成的对黄河的全程漂流探险，填补了世界探险史上的空白，被誉为“人类漂流史上前无古人的一次壮举”。

然而，惊心动魄的漂流探险是与自然、与命运搏斗，虽然最终完成了漂流任务，但过程中的艰辛惨痛难以言表。长江漂流中，张军、杨红林、孙志岭遇难，黄河漂流中雷建生、郎保洛、张宁生、朱红军遇难。他们飞扬的笑脸还在照片中，年轻的躯体却永远融入了长江、黄河的滚滚洪流中，愿其魂魄随东逝之水回到家乡亲人的身旁。

洛阳这座城市经历了太多战火刀戈，居住在这里的人大多淡然祥和，少了北方人的血性，多了南方人的温婉。但平静的外表之下，理想主义激情从未泯灭，洛阳人总觉得时代更替、世事推移中，有一些原点和基本准则不能被轻易否定和改变，一旦心中的弦被触动，瞬间就会热血澎湃。

如果没有漂流探险，这些漂流队员只是按部就班生活和工作的普通人。作为灵魂人物的两个队长——雷建生与郎保洛分别是中学历史老师和胶鞋厂的干部，日常生活中他们也诗情飘逸、中和安乐，在街头与我们擦身而过时，并不会引起注目。但在 80 年代那个改革开放初期的特殊年代，与世隔绝太久的中国人打开国门才发现，从经济到科技等各方面全方位落后于美、日等发达国家。这个古老大国在百废待兴、重新焕发生机的同时，民族自尊心也极其敏感，亟需一股振奋向上的精神动力重塑民族自信。

这种情况下，当“正”需要“守”时，这群普通洛阳小伙儿尽管都没有挑战极限的经验，却本着捍卫民族尊严，“中国的大江大河不能首先被外国人征服”的质朴信念，挺身而出。正如郎保洛留给妈妈的遗书上所写：“我去黄河漂流探险，是为中华民族争光。自古英雄忠孝两难全，请母亲原谅我的不孝。”这是新时代民族复兴初期的觉醒和萌动，是一种舍命为国的民族大义。

在价值观越来越多元化、更重视个人感受与物质生活的今天，人们可能很难理解当年这些洛阳人的冒险行为，网上不少嘲笑他们自不量力的人，觉得为一个虚名牺牲自己和家庭是一种自私。的确，他们的行为因为代价过于巨大不应被提倡，但这种精神价值必须被理解。百折不挠地努力寻找自己心目中的“正”，认准之后矢志不渝地守护，这是一种精神力量。古都洛阳人自觉主动地坚守中华民族文明血脉，这种坚守可以是王朝正统，也可以是人民正义，还可以是天地正气、人间真理、科学规律、主流价值观……有所坚守，才能在激荡的世界潮流中站稳脚跟。

三十多年过去了，整个城市始终对这些牺牲的勇士保持着一份由衷的敬重。人们自发集资在龙门西山的陵园内以及雷建生工作的中学里建起名为“黄河之子”的雕像，纪念牺牲勇士的时代精神。当年亲历长江、黄河的漂流者仍然继续河南黄河漂流探险队的活动，在完成黄河漂流二十年后，还成立了中国洛阳雅鲁藏布江科学考察漂流探险队。生于1989年的李仲龙，父亲是当年洛阳黄漂队成员，他子承父业，主攻皮划艇激流回旋项目，不仅以试划手的身份参加了2008年北京奥运会的皮划艇项目，还以国家队教练组成员的身份继续参与东京奥运会。幸存队员与后继者每年都给牺牲队友扫墓，定时关怀和探望他们的亲人，队长袁世俊还会带领大家顺黄河而下，从洛阳漂到郑州以此寄托哀思……洛阳人对英雄的这份长情也令人动容。

信息化社会里，一时的震撼，顷刻就会被其他信息覆盖，也会被纷杂的现实替代，唯有精神的触动才能永存。多年前在天涯社区中看过一则令人印象深刻的留言：“三年前去虎跳峡，蜿蜒的山路，颠簸的车厢和车窗外破碎的风景。……没有人指引，只是白驹过隙间就看到了那个建筑。……洛阳漂流队纪念馆（全名已模糊了）。也不知道吸引我的是洛阳这两个字，还是血脉里共同流淌的什么。……泪已不可抑止。”尽管悲壮的漂流往事已经过去，洛阳人对长江、黄河漂流的记忆与评价却依然滚烫。洛阳人愿意理解漂流队的那些年轻人，因为他们的行为与洛阳人普遍持有的价值观体系内核是契合的，其中不只是爱国精神或者同乡之谊，更多的是一种骨子里的天然传承。

今天的中国没有辜负当年那些洛阳青年，中华民族已经足够自信地屹立于世界强国之林。新的时代可以通过知识积累、科技进步与世界竞争，再也不需要我们为了争一口气、维护民族尊严而踏上近乎自杀的征途。这些普普通通的洛阳人，经历了正常人应该有的挣扎与恐惧后选择完成壮举，他们的精气神凝成一股催人奋进的力量，在一代代洛阳人手中传递，汇聚成新时代的洛阳精神。

洛河两岸（张水利 摄）

创新之力

文王在上，于昭于天。

周虽旧邦，其命维新。

——《诗经·大雅·文王》

三千年前的《诗经》记载了周文王昭告天下的话，其中最著名的是这句“周虽旧邦，其命维新”。据传是洛阳的实际建造者周公旦为歌颂周文王的盛德与功绩所作，意思是周人建立的邦国虽然很古老，但它肩负的天命却在于革新。所谓《大雅》，按照《诗大序》的传统说法，“雅者，正也，言王政之所废兴也”，“其命维新”正是周王朝曾经最核心的王城——洛阳的写照。

有时候在传统面前保持着执拗的顽固是古都的一种责任与义务，但洛阳的开放性与生命力并不落伍，从未停止探索创新的脚步。比如，在洛阳城南离白马寺不远处的汉魏故城遗址里，保留着一座夯土堆，就是灵台——我国现存最早的一座天文观测台遗址。你可以想象这座看似平淡无奇的大土堆曾经藏着多少秘密吗？世界上最早的浑天仪、地震仪、候风仪等，都在这里出土，这些高科技神器的发明者就是写过《二京赋》的张衡。

中国学生都曾在课本上见过一个大圆球，八个方位上均有口含龙珠的龙头，那就是通过想象复原的地动仪。汉顺帝阳嘉三年十一月壬寅（134 年 12 月 13 日），地动仪对应方向是陇西的龙首突然吐出了铜球，然而，此时京师洛阳并没有传来地震的消息。直到几天后，有人快马来报，证实了陇西之前确实发生了地震，这台能测量千里之外地震的地动仪令人惊叹不已。

据记载，张衡长期在洛阳观测天相，早在汉安帝元初四年（117）就以前人制造的浑象为基础，造出测定天体位置的浑天仪，还写下《浑天仪注》等文章，将天象观测和研究成果汇成《灵宪》。其思想很超前，对很多事物的解释也符合科学，比如关于月亮，他指出“月光生于日之所照”，“当日则光盈，就日则光尽也”，完全符合当今月亮反射太阳光芒发光的科学常识。

由于战乱，《灵宪》的绝大部分遗失了，仅有少部分内容流传至今，如《清史稿・天文志》记载：“后汉张衡云：‘中外之官，常明者百有二十四，可名者三百二十，为星二千五百’，而其书不传。”近两千年前在洛阳城南的这座灵台上用浑天仪探索宇宙，能得出这个数字是非常了不起的，毕竟在有望远镜的 17 世纪，人们才观测到 3000 多颗恒星。

张衡无疑是一个敢于创新、远远走在时代前面的人，同时也是坚守心中底线和原则的人。《后汉书・张衡传》说：“时天下承平日久，自王侯以下，莫不逾侈。衡乃拟班固《两都》，作《二京赋》，因以讽谏。精思傅会，十年乃成。”这部精思 10 年才完成的作品，展现出他对洛阳城日渐浮华豪奢的忧虑和思考。为了维护自己心目中的价值观和理想的王朝秩序，张衡通过文章指责官僚豪绅们的昏庸，悲悯黎民百姓的艰辛，在《思玄赋》中反复宣告自己“仰先哲之玄训兮”，“慕古人之贞节”，“尚前良之遗风”，“虽弥高而弗违”，“竦余身而顺止兮，遵绳墨而不跌”，都是在强调对正统秩序的坚守，体现作者力图匡正时弊、扶倾救乱的深情。

东汉时期洛阳城中除了张衡之外，还有写《论衡》的王充、发明蔡侯纸的蔡伦、写《潜夫论》的王符……守正创新是他们的共同特征。梁启超认为王充哲学是中古思想的一大转机，正因为其对中国思想的破坏性批评，才有了汉

2021 年洛阳少儿戏曲大赛现场（常立新 摄）

末与魏晋的大解放，而《四库全书总目》特意将《潜夫论》与《论衡》相提并论，并用了“醇正”二字作评价。还有历经艰辛改进造纸术从而发明蔡侯纸的蔡伦。蔡伦幼年成为太监进入洛阳的皇宫里，经过反复摸索实验，终于制造出适合写字并方便携带的纸。这种新纸张轻薄便宜，很快替代竹简、丝帛等其他文字载体流传开来。诞生于洛阳的造纸技术传到朝鲜、日本、印度和阿拉伯等地，后来甚至又经北非传到欧洲，对世界文明起到巨大的推动作用，促进了文化的传播，成为中国人最引以为豪的四大发明之一。

洛阳能形成“守正创新”风气并非一人之力，而是在这些时代精英的引领下，在漫长时期中薪火相传、前赴后继的群体传承。他们的功绩也被后世铭记，2010 年经国际天文学联合会（IAU）批准，以蔡伦的名字来命名月面上三个撞击坑中的一个。在此之前，张衡的名字早已出现在月球，编号 1802 的小行星也被命名为“张衡小行星”，他生活过的洛阳城也不忘为他留下一条长路名为“张衡街”。

"创新"与"守正"并不矛盾，如同出发之后必然有回归一样，反而是统一的。善于"守正"的好处就是心中有底气，比如改革开放后有一段时期全国都以外来文明为时尚，当西边的欧美文明、东边的日韩潮流在中国大行其道时，洛阳人还是习惯于从一路走过的历史文化中汲取滋养。具体表现为经济发达地区的少儿培训多是英语、国标舞、钢琴、跆拳道之类的舶来品，而洛阳娱乐和教育孩子的方式仍始终以诗歌、书法、围棋等传统内容为标配，豫剧、河洛大鼓、剪纸之类的具有乡土特色的社团活动在中小学开展得红红火火。让孩子从小知道中华民族生生不息的历史是我们最关键的根基，积淀的文化是我们最深沉的精神追求，这样就不会那么轻易地迷失自我。虽然坚守传统容易陷入墨守成规、顽冥不化的误区，但洛阳人也有自己的方法，就是浓缩成"正"这么一个便于记忆、便于运用的字，警醒自己以此为标准来思考和追求答案。

洛阳"智"造

正是有坚定不移要守护的，才能生出改变的勇气！那些历史杰出人物将守正创新的精神潜移默化地注入他们长期生活的洛阳，为城市精神塑造新的特质，其影响一直延续至今。为了避免"守正"带来的因袭历史、墨守成规等负面效应，当代洛阳的弄潮儿会有意识地主动创新。在他们心目中，守正与创新是一体的，前者是永恒的宏大命题，后者则是顺应时代发展的关键词。

比如，2020 年 6 月 16 日，国内首台 5G+ 氢燃料电动拖拉机（ET504-H）在洛阳正式发布，再次引领农机装备制造业产业升级，为未来智慧农业奠定基础。这款无人驾驶拖拉机可以迅速进入农田，自动规划路线、自动转弯、自如进退、精准停靠，娴熟高效地完成耕地作业。中国第一台拖拉机也曾诞生在这里，历史仿佛完成一个循环，又像是开启一个新的篇章。洛阳既是中华优秀传统文化和品格的继承者，又有"苟日新，日日新，又日新"的理念和追求，因此，独特的文脉和气质才得以绵延不绝，并且总是能够在历史前进中不断创造奇迹和美好。

洛阳的创新有两个源泉，一是扎实雄厚的科研、制造力量，二是丰富博

洛阳建成国内首座特种机器人智能化工厂（视觉中国提供）

大的历史文化资源。近年来，洛阳科技创新成果不断涌现，洛阳轴承助力“天问探火”，“洛阳造”平视显示器为 C919 擦亮“眼睛”，洛阳连接器为“复兴号”动车组构筑“安全线”，洛阳特种材料为“奋斗者”号万米深潜编制“铁甲衣”[①]……洛阳制造在代表国家水平的大国重器中大放异彩。

创新离不开一流大学和一流学科的支撑，作为“双一流”建设的“后备军”，河南科技大学、洛阳理工学院等高等院校，长期服务于共和国工业“长子”的中国一拖、洛阳 LYC 轴承、中信重工、中铝洛铜等在行业中占据龙头地位的特大型和大型企业，形成了以高端金属材料为主的“设计—制备—加工—应用”产学研用协同创新体系，为洛阳的发展奠定坚实基础。

另一方面，沉淀千年的人文精神和东方古韵被融入创意和科技，沉睡千年的文明在现代生活中重新焕发新的生机与活力。龙门石窟研究院正在借助三维扫描、VR 体验、3D 打印等科技手段，打造“数字龙门”，让千年洞窟生动

①戚帅华. 洛阳：科技之花结创新硕果，洛阳日报（2020-12-23）http://news.lyd.com.cn/system/2020/12/23/031910941.shtml

洛阳开通运营地铁（视觉中国提供）

起来，致力于龙门石窟三维数据库、文物信息综合管理系统、考古发掘辅助系统、文物虚拟修复系统、文物保护数据管理系统和数字化展示平台等数字龙门综合平台的搭建。石窟内佛像残缺的遗憾可以通过三维数字化技术虚拟复原，5G 网络信号全覆盖、“AR 导航导引”“AI 讲解 3D 识别”等配套设施再升级，游客体验大幅提升，还可以和龙门二十品文字等文物轻松互动[①]。

21 世纪以来，洛阳作为新中国重点建设的工业基地，带着曾经的辉煌，锚定“中西部科技创新高地”的目标，传承与创新并肩起航。特别是 2013 年以来，洛阳被列入国家智慧城市试点，以云计算和物联网技术为基础，利用先进信息技术，实现城市智慧式的管理运行。智慧停车、智慧书屋、智慧旅游、智慧工地、智慧交通……和谐可持续发展的同时，市民生活进入地铁时代，越来越便利美好。

带有洛阳元素的文创产品设计成为潮流，比如根据博物馆里的藏品开发的各种纪念品，高大威武的石辟邪“变身”可爱的卡通玩偶，镶嵌绿松石铜牌

①田宜龙，郭歌．龙门石窟：在传承中守护石窟之美，河南日报客户端（2020-11-03）https://baijiahao.baidu.com/s?id=1683226724390432175&wfr=spider&for=pc

饰做成笔记本，还有被泥土包裹的待“挖掘”的“文物”盲盒……文化旅游产品越来越有洛阳特色。以“创意连接古今、文化沟通世界”为主题的2019牡丹奖·全球文化创意设计大赛，打造了一场“科技＋文化”的创新盛会。大赛获得国内外文创界精英大咖以及全社会的踊跃参与，让厚重的历史积淀与飞扬的文化创意碰撞出大量火花，充分挖掘河洛文明之美，以精彩作品激活传统文化传承。

2021年河南卫视拍摄的《唐宫夜宴》《洛神水舞》《龙门金刚》等系列节目，都坚持不懈地从洛阳的传统文化资源获取灵感、汲取能量，获得轰动效应。再加上洛阳人王一博主演的古装悬疑剧《风起洛阳》，为洛阳的关注度和旅游市场增添了前所未有的热度。

小结

常有人会因为某个人或某段故事而爱憎一座城市，如果用这个标准看待洛阳的话大概会陷入混沌，因为这里曾有太多错综复杂的人和故事。洛阳的气质性格实际上是那些长期住在洛阳、受到洛阳城市文化影响的人的共同特点。千百年来的历史积淀让厚道善良天然地融入洛阳人的骨血，无数典雅诗歌浸润出轻盈飘逸的诗情，经过世事洗礼流传下来中和安乐的人生智慧，与万物和谐相处，坚定维护底线和原则的同时，勇于探索可以改善的……

当然，既然是特质，就是优缺点兼而有之，如一道光束在不同时机折射到不同境遇的人身上，呈现的光晕可能截然不同。因“尚德”而追求刻板道德形式，甚至可能变成道貌岸然的伪君子；浮华于诗情画意会陷于文人那些散漫矫情的弊病；所谓中和安乐只是随波逐流、不思进取；守正创新说来容易，却困扰于分辨哪些该归正、哪些该革新……洛阳人的特质也最能代表中国人的共同特征，或许从本质上说，每个中国人都曾是洛阳花下的过客。

LUOYANG
THE BIOGRAPHY

洛阳 LUO YANG 传

第四章

风物篇：素衣京洛风尘

“要熟悉一座城市，也许最简单的途径是了解生活在其中的人们如何工作，如何相爱和死亡。”这是诺贝尔文学奖获得者法国作家阿尔贝·加缪在其代表作《鼠疫》中给出的建议。一座城市包罗万象，是生活在其中的“人”与“物”的动态交集。人、事、物都不是孤立静止的，而是纵横羁绊，生生不息。相互叠加中，人与物、情与景的调和中，形成一方土地特有的风情。

都说深厚的历史渊源能产生无穷的文化魅力，具有4000年历史的洛阳魅力究竟体现在哪里呢？每个人的感受不同，有人觉得在河洛民俗待人接物的老规矩中，在边边角角的巷陌街头；有人觉得在牡丹花的清香丽影中，在韵味悠长的方言乡音中；也有人觉得在绵延不绝的洛阳味道里，在精巧有趣的民俗玩意儿里，在千年传承的文物中……风物百态激发调动人的感受，产生一种审美表达，一代又一代的人将各自的印象、记忆甚至生命体验融入其中。这些事物因洛阳文化的底蕴特色而独具风情，不事张扬却有能够温润人心的奇特力量。

洛阳花福

洛阳春日最繁华，红绿荫中十万家。

谁道群花如锦绣，人将锦绣学群花。

——司马光《洛阳看花》

“记得旧诗章，花多数洛阳”（白居易《洛城东花下作》），洛阳四季草木缤纷、晨昏花香迷人，这是一种福分。北宋陶谷的《清异录》、明代陈继儒的《蕉书》等笔记杂录都记载有“天下九福”一项，列举了当时世间公认的九个最上乘、最享受的福分。两书记载的“九福”内容略有不同，但“洛阳花福”始终稳定地名列其中，被民众向往。

提起洛阳的花，人人皆知“洛阳牡丹甲天下”，其实洛阳何止牡丹！北宋的周师厚在《洛阳花木记》序言中说“予少时，闻洛阳花卉之盛甲于天下，尝恨皆未能尽观其繁盛妍丽，窃有憾焉”。地处中州的这座城市气候温和、雨量适中，特别是土地肥沃，适合大部分植物生长。及时行乐、善于享受生活的安乐先生邵雍最爱洛城的花事之盛，不仅看花赏花、插花戴花，仅《对花吟》一个题目就写出好多诗篇，存于《击壤集》中。专心修史的一代醇儒司马光，也在氤氲花香中一改方正刻板、埋头治学的形象，流连忘返于洛阳的花丛中。

司马光写“洛阳四时常有花，雨晴颜色秋更好。谁能相与共此乐，坐对

洛阳地脉花最宜（黄婕 摄）

年华不知老”，还写“洛阳相望尽名园，墙外花胜墙里看。手摘青梅供按酒，何须一一具杯盘”寄给邵雍，意思是与好友喝酒赏花真是人生乐事，酒具条件简陋点也开心。而邵雍更豁达，应和道“洛阳最得中和气，一草一木皆入看。饮水也须无限乐，况能时复举杯盘”，直接表示洛阳的花花草草都引人入胜，只喝水看着都有无限乐趣，更别说有酒了。进一步又写“洛阳花木夸天下，吾辈游胜庶士游。重念东君分付意，忍于佳处不迟留”，简直把这里的一草一木夸上了天。今天的我们读着千年前这二老花痴似的一问一答，不禁莞尔。老翁率性起来，比花还可爱！

与各种花的密切接触让久居洛阳的人自然而然地爱上鲜花，流露出人性中烂漫纯真的一面。起源于洛阳的程朱理学常被作为封建糟粕批判，事实上很多人都是断章取义、人云亦云，仅凭一句“存天理、灭人欲”就扣上封建礼教害死人的帽子，根本没有耐心去了解理学思想本身。能在百花竞放的春日洛城里写出“云淡风轻近午天，傍花随柳过前川。时人不识余心乐，将谓偷闲学少年”（程颢《春日偶得》）的人，怎么可能去提倡灭绝人性呢？

在洛阳见的花多了，又会发自内心地懂得护花、惜花。生性浪漫的欧阳修，离开洛阳后最喜欢自称“洛阳花下客”。除了“曾是洛阳花下客，野芳虽晚不须嗟”之外，还有“年少曾为洛阳客，眼明重见魏家红”（《答西京王尚书寄牡丹》）、“曾是洛阳花下客，欲夸风物向君羞”（《夷陵书事寄谢三舍人》）等。即使被贬天涯，即使自称醉翁，洛阳花总是他心底的牵挂，否则怎会一再为洛阳花写书立传？欧阳修在《风俗记》中写“洛阳之俗，大抵好花。春时，城中无贵贱皆插花，虽负担者亦然。花开时，士庶竞为游遨，往往于古寺废宅有池台处，为市井，张幄帟，笙歌之声相闻”，其中的心怡向往，不言自喻。

无独有偶，邵伯温也在《邵氏闻见录》描写和怀念洛阳冬去春来的情形：“岁正月梅已花，二月桃李杂花盛开，三月牡丹开。于花盛处作园圃，四方伎艺举集，都人士女载酒争出，择园亭胜地，上下池台间引满歌呼，不复问其主人。抵暮游花市，以筠笼卖花，虽贫者亦戴花饮酒相乐。”

花如此亲近于洛阳古人的生活，我尤其感动于“城中无贵贱皆插花，虽负担者亦然”和“虽贫者亦戴花饮酒相乐”的异曲同工。背负重担的艰难贫困者固然令人同情，但若无意中发现尽管那人打扮粗陋，却不忘在鬓发或领口插一支含苞待放的小花，在他咬紧牙关、奋力生活之际不时传来一缕芬芳，大概观者心头的同情瞬间会化作敬重吧。

任何时代，宫廷贵族、上流社会的赏花之风都不足为奇，鲜花添付于锦上，美则美矣，不过是给衣食无忧者奢靡的生活增添风雅罢了。而在生产力落后、贫富极其不均的古代，能够一城之人都为花而狂则殊为难得。整个城市的构成中，绝大多数是不同于贵族的庶民阶层，在他们局限于为温饱奔波、为生计所迫的间隙，能够大量栽培、全民参与的赏花几乎可称为奇迹。千年之前，无论贵贱，从上到下兴起“好花”的风潮，在最底层艰难挣扎的市井之徒也努力享受欣赏花儿带来的片刻美好，既是文风昌盛的标志，也是社会生产力发展水平、平民文化生活与精神层次达到一定高度才有的现象。

民国时期李健人在《洛阳古今谈》说：“今日洛阳之人，俗仍好花。洛河以南，安乐窝、李家楼诸村，皆有花园子，灌植花卉。”现代洛阳人一脉相承地仍然爱花，喜欢将城市自诩“花城”，不少产品也以此为品牌。多年前曾有因物美价廉而风靡一时的花城香烟，不少外地人抽了好多年以后才惊讶地发现，花城香烟居然不是广州制造，而是洛阳卷烟厂出产的！现在龙门石窟隔壁就有以“花城”命名的家具厂，不知道品牌灵感是不是来自佛祖拈花微笑、以心传心——花是洛阳之福。

东城桃李

始上龙门望洛川，洛阳桃李艳阳天。

最好当年二三月，上阳宫树千花发。

——顾况《洛阳行送洛阳韦七明府》

洛阳的花绝不只限于牡丹。洛阳与牡丹绑定之前，同时还曾经是芍药、桃花、李花、梅花的世界。特别是桃花和李花在相当长一段时间里是洛阳的标配，相关诗句多不胜数，“东城桃李”甚至在洛阳八小景中占有一席之地。

桃李的果实用来比喻老师教育出来的优秀学生，花朵却是美艳的代名词。有学者考证城东是隋唐城的东北偶，指隋唐洛阳宫城、皇城以东的外郭城。这里是漕运干渠与瀍河的交汇之地，井然有序的里坊中有繁华的闹市中心和水路交通要冲，河渠两岸榆柳成荫，大街小巷桃李成行。粉红的桃花与雪白的李花，娇艳与恬静相映成趣，洛城的春天常常被花色烂漫的桃红李白所点缀，这幅美景被唐人写成“洛阳花柳此时浓，山水楼台映几重”（宋之问《龙门应制》）的诗句，形成后世对洛城春天的恒久记忆。

早期的桃李花木丛大概是出于自然天成，洛阳大道旁的桃李在汉代就已相当繁盛、初成规模。汉代长诗《董娇饶》属于较早的文人五言诗，聚焦于洛阳的桃李盛况，进行了具体描写：“洛阳城东路，桃李生路旁。花花自相对，叶叶自相当。春风东北起，花叶正低昂。”紧接着一个人物出场了：“不知谁家子，提笼行采桑。纤手折其枝，花落何飘飏。”我们随着采桑女子的视线与脚步徜徉在一路桃李的花海中，花枝因被折下而花瓣纷飞、落红如雨。比较有意思的是，这首诗随后还假借桃李之口，与采桑女子进行了一场关于青春与花期的哲学对话——看来早在汉代时，洛阳的桃花李花不仅相当繁盛，还喜欢思考人生呢。

洛阳孟津百里画廊（张继宏 摄）

后来洛阳城中有可能规划性地集中广泛种植桃树、李树以及柳树等，至隋唐时桃李连片、杨柳成行，成为隋唐东都洛阳城的都市景观特征之一。“艳若桃李”“桃李争艳”“桃李年华”等词汇多用来形容美人的青春靓丽，连带着让城市的印象也香艳热闹起来。特别是东北隅一带，大街小巷桃李成行，一到春天就竞相开放、争荣斗艳。开得荼蘼灿烂的桃花、李花，让韩愈说：“当春天地争奢华，洛阳园苑尤纷拏”；让李白说“天津三月时，千门桃与李”；让刘禹锡写“南陌东城春早时，相逢何处不依依？桃红李白皆夸好，须得垂杨相发挥”，“金谷园中莺乱飞，铜驼陌上好风吹。城东桃李须臾尽，争似垂杨无限时”。

青年刘希夷的思绪也被春日洛阳缤纷的桃李花牵动，他望着往来于花树下的少女与老翁，写下拟古乐府长诗《代悲白头翁》（又名《白头吟》），表现人生易逝、宇宙永恒的客观规律。开门见山，篇首第一句就是“洛阳城东桃李花，飞来飞去落谁家？”紧接着“洛阳女儿惜颜色，坐见落花长叹息”，从红颜少女，写到白发老翁，直至最后发出“古人无复洛城东，今人还对落花风。年年岁岁花相似，岁岁年年人不同”的感慨。

当年读《红楼梦》时不明白冷子兴演说荣国府时，为什么提到著名的正邪两赋论时要列举一大串人名，特别是对陈后主、唐明皇、宋徽宗后面竟然跟出刘庭芝这么一个不甚知名的人物很是不解。后来才知道刘庭芝就是刘希夷，那个少年有才，美姿容，好谈笑，善弹琵琶又能饮酒的刘希夷，果然是“聪俊灵秀之气，则在万万人之上，其乖僻邪谬近人情之态，又在万万人之下”。更重要的是，早有人注意到《红楼梦》里著名的《葬花吟》有套用《代悲白头翁》的痕迹。“闺中女儿惜春暮”和“洛阳女儿惜颜色”，“明媚鲜妍能几时”和“宛转娥眉能几时”，以及“桃李明年能再发，明年闺中知有谁”和“今年花落颜色改，明年花开复谁在”等，因袭之意明显。想起吟唱着“花谢花飞花满天，红消香断有谁怜”的世外仙姝林妹妹，其情景与诗意的确暗含古代“洛阳女儿”之风，曹雪芹把刘庭芝放在那个位置也就不足为奇了。

且插梅花醉洛阳

赋予花卉的国民情感和文学书写反映的是一定时期的士人心态和审美观念，从中又折射出整个社会的文化心理以及国家的政教精神。梅花与牡丹都是中国的传统名花，关于二者优劣的话题总能引起热议。其实，梅花、牡丹在中华文化体系中各美其美，何必扬此抑彼？如藏着近1500方古代石刻墓志铭的洛阳千唐志斋里刻着的那副楹联：“谁非过客？花是主人。”

更何况，洛阳与梅花的渊源同样深厚，可算作梅的原生地。不仅《山海经》里记载上古时代伊洛地域的山上已有梅林，被认为是最早反映先秦中原农业发展、古代中国天文历法的《夏小正》中也有“梅、杏、杝桃则华”的条目。

唐朝王维的“君自故乡来，应知故乡事。来日绮窗前，寒梅著花未”向来被当作著名的咏梅诗。他怀念和描写的很有可能正是洛阳的梅花。因为这首诗是《杂诗三首》的第二首，前一首和后一首分别是：“家住孟津河，门对孟津口。常有江南船，寄书家中否？”“已见寒梅发，复闻啼鸟声。愁心视春草，畏向玉阶生。”

另外，“洛阳访才子，江岭作流人。闻说梅花早，何如北地春”（孟浩然《洛中访袁拾遗不遇》）、“柳絮飞时别洛阳，梅花发后到三湘。世情已逐浮云散，离恨空随江水长”（贾至《巴陵夜别王八员外》）等众多诗作，都将梅花作为洛阳代表性的季节物候变化，抒发对人生无常的感怀和对故乡的思恋。

宋朝《洛阳名园记》所写的名园也多植梅花，还特别提到有的园子里有数十个品种的梅花，“梅盖早梅，香甚烈而大”。最爱洛阳花的邵雍因梅花易数而闻名，留下神秘的占卜《梅花诗》。金元时期，元好问第一次来到洛阳，远远望见城市坐落在一片盛开的梅花林中，所以他在《龙门杂诗》写道“遥遥洛阳城，梅花千树春”。

今天洛阳赏梅的地方就更多了，西苑公园、隋唐遗址植物园的梅园、金龙寺的后山、洛浦公园上阳宫梅园、洛浦公园北岸朱樱塔团城阁附近等，都是洛阳人探访梅花的佳处。可见，自古至今，梅花一直是洛阳地区代表性的花木。只不过，一般来说，疏影清雅、凌寒飘香的梅花总是给人以坚贞不屈的印象，而洛阳的梅花难得地同其他花木一样，只用肆意绽放做自己就好，似乎并没有被赋予那么多沉重与艰辛。

> 我是清都山水郎，天教分付与疏狂。曾批给雨支风券，累上留云借月章。　诗万首，酒千觞。几曾着眼看侯王？玉楼金阙慵归去，且插梅花醉洛阳。
>
> ——朱敦儒《鹧鸪天·西都作》

这首诗的作者是在《宋史》上被称为“志行高洁，虽为布衣，而有朝野之望”的洛阳人朱敦儒。朱敦儒有“词俊”之名，与“诗俊”陈与义等并称为“洛中八俊”，他家境不错，少有才名却生性淡泊。靖康年间，宋钦宗召见朱敦儒，欲授以学官，他以“麋鹿之性，自乐闲旷，爵禄非所愿也”为辞，坚决不受，回到洛阳后写下这首《鹧鸪天·西都作》。

朱樱塔下梅花开（张水利 摄）

出自《列子·周穆王》的“清都”是传说中天帝的宫阙，朱敦儒自称是呼风唤雨的仙人，诗酒随心，对王权富贵根本不曾正眼瞧过，甚至玉楼金阙的仙界也懒得回去，只想插朵梅花醉倒在洛阳城中。果然如前文所述，古代洛阳人无论男女、无论贵贱，都喜欢将花朵戴在身上、插在头上，肆意绽放的花儿似乎有能够释放人天性的力量。

“且插梅花醉洛阳”一句，洒脱不羁、我行我素的少年心气扑面而来！这种意气风发令人想起前阵子刷遍朋友圈的视频：一群古稀老人自信地唱起“我还是从前那个少年，没有一丝丝改变，时间只不过是考验……”即使隔着一千年的时间，有桀骜之心、敢傲然于世的便是少年，与现实的年龄无关。

然而，一时意气容易，一生少年心情却可遇不可求。同样的梅花，同样的诗人，离了洛阳便再难如此简单地骄傲。为了生存被迫逃离金人侵占的家乡、跟随南宋朝廷来到临安的朱敦儒，在山河破碎、国难家仇中磨平了往日少年张狂的棱角。相比于洛阳，临安的梅花无疑承担起更多、更深的东西。

曾为梅花醉不归。佳人挽袖乞新词。轻红遍写鸳鸯带，浓碧争斟翡翠卮。　　人已老，事皆非。花前不饮泪沾衣。如今但欲关门睡，一任梅花作雪飞。

——朱敦儒《鹧鸪天·西都作》

同样的《鹧鸪天》，洛阳时的梅花是少年时的梅花，可以用来装饰发髻、与佳人嬉戏，让人开心快活、酣醉不归。南渡临安后却一切都不同了，曾经最爱梅的那个人不敢再面对绽放的花枝；“诗万首，酒千觞”变成了滴酒不沾和泪如雨下；“曾为梅花醉不归”变成了想关门默默睡觉的中年人。满腔的无奈啊，只能“一任梅花作雪飞”。

见梅惊笑，问经年何处，收香藏白。似语如愁，却问我、何苦红尘久客。观里栽桃，仙家种杏，到处成疏隔。千林无伴，澹然独傲霜雪。

——《念奴娇（见梅惊笑）》

直到多少年后，在梦里遇到梅花，像一对老友似的聊起天来：“哇，这么多年，你在哪儿啊，怎么不见消息……”清人黄蓼园在《蓼园词选》说词人不说“且插牡丹醉洛阳”，偏云“且插梅花醉洛阳”是另有寄托，认为“希真梅词最多，性之所近也”。的确，此时的梅花，是老年的梅花，也是诗人自己。

研究者认为，南渡之后梅花形象被赋予孤独自守与凌霜傲雪等文化内涵，契合南宋政教所强调的夷夏之防及负重致远的精神，成为文化士人寄托道德理想和人格追求的习惯性表达，我也赞同。也许梅花的孤傲高洁、坚贞不屈等深刻文化内涵是从临安时代开始的，不过，洛阳的土地已承载了太多苦难深重，就让梅花开得轻盈自在点吧，至少对于朱敦儒来说，也许少年时代那单纯而快活的洛阳梅花更显弥足珍贵。

唯有牡丹真国色

庭前芍药妖无格，池上芙蕖净少情。

唯有牡丹真国色，花开时节动京城。

——刘禹锡《赏牡丹》

洛阳地脉花最宜，牡丹尤为天下奇。

——欧阳修《洛阳牡丹图》

有人说《诗经》的“赠之以勺药”中的勺药就是牡丹，若的确如此，那牡丹也算是最早的代表华夏民族爱情的原生花木了。无论如何，当牡丹正式出现时，不比平常花木，它一出场就是以宫廷皇家为背景的。无论是隋炀帝诏天下进奇石花卉，易州进牡丹二十箱植于洛阳西苑，还是武则天强令百花开放，怒贬牡丹到洛阳的传说，又或者是李白为杨贵妃写下的“云想衣裳花想容，春风拂槛露华浓”的千古名句，最初的牡丹都是与高高在上的至尊帝王并列出现的。

牡丹花大形美、华贵雍容，“国色天香”这个词几乎成了牡丹的专有名词。“落尽残红始吐芳，佳名唤作百花王。竞夸天下无双艳，独立人间第一香”（皮日休《牡丹》），花大如斗的牡丹确实有君临天下的威风，宋陶谷的《清异录·百花门》还记载了牡丹艳压茉莉，彰显正统大国恢宏气度的故事，可见牡丹自古在世人心目中就是引领群芳的百花之王。

洛阳的桃、李、荷、菊、梅等花卉各有风姿，一年四季都开得烂漫，值得游遍芳丛。然而牡丹对于这座城市终究是格外不同。《群芳谱》云：“唐宋时，洛阳之花为天下冠，故牡丹竟名洛阳花。”在一种特定的花前冠以城市名，以地名称花，花名也成了地名的代称。洛阳花？牡丹城？洛阳与牡丹，不知从何时起，不知是谁的主意，已经“生死契阔，执子之手”，再也不可分割了。

牡丹的栽培玩赏在北宋的洛阳达到极盛，变成了洛阳花的牡丹，也从深宫殿堂真正走向民间百姓。欧阳修作《洛阳牡丹记》把出于洛阳的牡丹当作天

唯有牡丹真国色（黄婕 摄）

下第一，细致的诗人还观察到尽管洛阳产的其他花木也很出色，但“洛阳人不甚惜，谓之果子花，曰某花、某花。至牡丹则不名，直曰花。其意谓天下真花独牡丹”。王得臣也在《麈史》中说：“洛人凡花不曰花，独牡丹曰花。”这是一种怎样的专宠与亲昵！果如欧阳修感慨的那样——“其爱重之如此”。

就像是莫名其妙起了化学反应的爱情，百花缭绕、群芳争艳中，洛阳人偏心地只把痴迷的目光投向牡丹。

洛阳人惯见奇葩，桃李花开未当花。
须是牡丹花盛发，满城方始乐无涯。

——邵雍《洛阳春吟》

洛阳人珍奇花卉见得太多，桃花李花盛开根本不在意，直到牡丹盛放，全城之人才会兴高采烈，连酒的价格都会跟着上涨。甚至还为牡丹举办花会，号称“万花会”，男女都簪花饮酒，简直就是今天牡丹节的前身。对洛阳人观赏牡丹的盛况，《洛阳牡丹记》有这样的记载：“姚黄……故洛人贵之，号为花王。城中每岁不过开三数朵，都人士女，必倾城往观，乡人扶老携幼，不远千里，其为时所贵重如此。”为了看一眼珍稀的姚黄牡丹，“不远千里”“扶老携幼”、“倾城往观”，可见北宋中期洛阳人种植、观赏牡丹已达到何等盛况，真正的“花开时节动京城！”

洛阳花色笑春日，锦衣昼归闾里惊。

——欧阳修《送京西提点刑狱张驾部》

何时重载酒，同醉洛阳花。

——司马光《送尧夫知河中府二首》其二

平生自是爱花人，到处寻芳未遇真。
只道人间无正色，今朝初见洛阳春。

——张岷《观洛城花呈尧夫先生》

闻道洛阳花正好，家家庭户春风。

——陈瓘《临江仙》

家有洛阳一千朵，三年归梦绕栏干。

——杨万里《紫牡丹二首》其一

实际生长于各地的牡丹，为什么独独成了“洛阳花”？古人也在探究原因，周师厚作于元丰年间的《洛阳花木记》对生长于“天下之中”洛阳的牡丹之尊贵身份祛魅，指出洛阳牡丹之所以名满天下是因为这里富豪云集：“然天下之人徒知洛土之宜花，而未知洛阳衣冠之渊薮，王公将相之圃第鳞次而栉比。其宦于四方者，舟运车辇，取之于穷山远徼，而又得沃美之土，与洛人之好事者又善植，此所以天下莫能拟其美且盛也。”他认为是洛阳的富庶与厚重文化成就了牡丹之名。

当时洛阳出产的牡丹品种最多、最美，当然是原因之一，但更重要的还是北宋一流文人几乎都曾聚居于洛阳，为牡丹做了大量牡丹诗词。欧阳修、周师厚等为牡丹作记立谱，后来蔡襄等以书画形式加以表现和保存，使得牡丹的文化地位得以确立。牡丹的文化内涵也不单纯象征王权的荣华富贵，更重要的是与文臣共治天下、与天下人共享太平是大宋对子民的庄严承诺。在皇权与士大夫的互动之下，宋初的政教精神向着忠君爱君与规范皇权的方向发展，牡丹雍容娴雅的气度具有与这种政教精神相契合之处，因此，牡丹的文化内涵也演变成映射君主与天下同乐的盛世太平，赞美之辞中隐含了士大夫对皇权道德规范的一种希望与引导。

如刘克庄《六州歌头·客赠牡丹》词云：“繁华事，修成谱，写成图。奇绝甚，欧公记，蔡公书，古来无。”牡丹作为皇权与兆民共享太平的标志、洛阳作为文化昌盛之地的形象，可以说是洛阳这座城与牡丹这种花彼此成就的结果。

正因如此，当宋朝衣冠南渡、洛阳与洛阳花都成为金国的一部分后，才会被文人反复提起，其中既有对故国的怀念，也有对政权的失望。

两京初驾小羊车，憔悴江湖岁月赊。
老去已忘天下事，梦中犹看洛阳花。
妖魂艳骨千年在，朱弹金鞭一笑哗。
寄语毡裘莫痴绝，祁连还汝旧风沙。

——陆游《梦至洛中观牡丹繁丽溢目觉而有赋》

曾看洛阳旧谱，只许姚黄独步。若比广陵花，太亏他。　　旧日王侯园圃，今日荆榛孤兔。君莫说中州，怕花愁。

——刘克庄《昭君怨·牡丹》

不知不觉中，洛阳与牡丹，这座城市与这朵花已经交融相伴了一千多年。1982 年洛阳市人大常委会通过决议，牡丹正式成为洛阳市的“市花”，在每年最美的人间四月天举办花会。洛阳牡丹成为中国国家地理标志产品，附丽于其上的象征皇权帝王的神秘色彩逐渐被淡化，雍容大方的气度依旧带有太平盛世特有的韵味，这种气度积淀成中华民族审美文化的一部分，将持久地留存于社会文化生活中。

古都之春（李炜 摄）

汤中味道

当我们说起中国是一个美食大国时，伊尹的名字不应该被遗忘。八大菜系、煎炒烹炸，各有所爱，每个地方都有自己的特色美食。在吃上的讲究，无疑代表着一种生活态度和精神境界。“中华厨祖”伊尹的家乡——洛阳的饮食特点和三川之地浩浩汤汤的大小河流有关，离不开一个“汤”字。

2021 年洛阳汤节（常立新 摄）

洛阳水席

第一次听说这个词的外地人有点懵，心里冒出一堆问号——“水席”是什么？需要坐在水里曲水流觞吗？注了水的东西都会价格虚高吧？体验过后，大概会分成两个意见鲜明的对立阵营，不喜欢的人觉得哪里怪怪的，喜欢的人则一见如故，一次上瘾。彼之砒霜、吾之蜜糖，对你来说是什么，不尝尝怎么知道呢？！

无论如何，洛阳水席都是到洛阳必须体验一次的传统名宴。洛阳人的通病是无论说什么都喜欢讲历史，动辄扯出几百几千年来。说水席也不例外，毕竟那是岁月余味深深沉浸其中才形成的美食。水席始于唐代，已有千年的历史，算起来属于中国迄今保留下来的历史最久远的名宴之一。“水席”这个名字包含两个意思，一是汤汤水水，二是行云流水。前者是指所有热菜皆带有汤，后者是指主菜吃完一道撤下后才端上来下一道，一环扣一环，如同流水般绵延不断。

洛阳人不追求食材名贵、用料奢侈，而是在新鲜时令、精湛工艺和口味调整上下功夫。洛阳水席的特点是有荤有素、选料广泛、可简可繁、味道多样，不喜欢的人觉得偏酸偏辣，喜欢的人就爱这种酸、辣、甜、咸俱全的感觉，觉得酸得舒适，辣得可口。吃完洛阳水席的人，无论是否适应那种酸辣味道，都会感叹价格之便宜，做工之复杂。

洛阳水席很能吃出手艺来，以上桌的第一道主菜“洛阳燕菜”为例，“燕”字来自名贵食材燕窝，所用材料却只是一根普普通通的大萝卜。经过从切丝到腌制、蒸煮等多道加工，掺入山珍海味，烹制成羹，可以与燕窝汤以假乱真，据说是女皇武则天亲自赐名的。将粗大笨重的萝卜变身成高级补品燕窝，不仅看起来晶莹雪白、薄如蝉翼，味道也香美爽口并很有嚼劲，最考验厨师的刀工、火候、调味等手艺水平。洛阳人吃一口燕菜，对于这桌水席是否正宗、师傅什么水平就基本上心知肚明了。

水席的特色是汤菜交替食用，能让人感到肠胃舒适。一套标准正宗的洛阳水席一共二十四道菜，每道菜基本上是固定的。八凉菜作为前菜下酒，待客

洛阳水席燕菜（视觉中国提供）

人酒过三巡再上热菜。16 道热菜分四个主菜、8 个中件（也叫陪衬菜或调味菜）和 4 个压桌菜。上菜顺序有严格的规定，每上一道主菜要同时跟上两道中件，美其名曰“带子上朝”。世上没有不散的宴席，当最后一道压桌菜鸡蛋汤被端上桌时，就是在婉转地提醒宾主双方：差不多该离席告辞了。

一整套好的水席，能让食客看起来感觉富丽堂皇、食欲大振，吃的时候痛快淋漓、大呼过瘾，付款时又会惊异于价格的便宜。在洛阳，人人都爱汤水丰富的传统水席。水席不仅是盛大宴会中备受欢迎的席面，也是平时民间婚丧嫁娶、诞辰寿日、年节喜庆等必不可少的礼仪场合，可以说是洛阳人的一种仪式感。结婚生子、老人做寿，人生中最重要的纪念日、迎来送往生命中最亲近的人，这些回忆几乎都伴随着水席宴会上焦炸丸子的酥脆、黄河鲤鱼的长须、八宝饭的甜糯，以及漂浮在燕菜中那朵绚丽的黄牡丹。

筵宴制度是一种地位、权力和财富的象征，宫廷饮食从周代起就开始有明确规制，从原料到烹制，食器、礼仪均有程序与规范。洛阳水席从形式上仿宫廷贵族饮食，有豪华气派的一面，真正的内核却反其道而行之，走的是去贵族化的路线。鸡鸭鱼肉、干货海鲜、时蔬菌类都以汤水佐味，没有特别名贵珍稀的高级食材，但荤素搭配得当，通过煎炒烹炸烧等，让普通食材变化为丝、片、条、块、丁，组合出甜咸酸辣兼而有之的滋味，还能根据人数菜品单点，自由搭配、丰俭由人。长大以后走南闯北，吃过见过更豪华精致、当然也更昂贵的美味佳肴，才更能体会到洛阳水席的可贵。

人人手中一碗汤

我们在博物馆见识过各种造型各异的青铜器皿，这些国之重器被冠以“鼎、斝、簋、卣、觚、尊、鬲、爵”等念不出读音来的生僻名称，在洛阳人眼里都是对古人喝汤的遐想——“这个用来煮汤、盛汤、喝汤都不错”。汤，低调又从容，顽强地保留着中国烹饪文化的基本传统与特色而延续至今。

洛阳人的重大场合有水席坐镇，一半的菜肴都是汤汤水水，平常日子也有各种汤相伴。清晨以一碗汤开启，夜晚也以一碗汤结束，几乎每天都被各种汤浸润和包围。普通居家也多是汤，汤的内容随意些也无妨，但没有汤的日子是万万过不下去的。可以是甜汤（洛阳人的甜汤里并没有糖，是指没加调味料原味的意思）、咸汤、米汤、面汤、菜汤、肉汤，每一项又都可以再延伸出无数具体分支，红薯面汤、玉米面汤、油茶、胡辣汤、豆腐汤、蘑菇汤……没有什么是不能煮熬成汤的。

洛阳的伊尹能由厨入宰，凭的就是以至味说汤（这里的“汤”指的是君王商汤）：“君之国小，不足以具之，……天子成则至味具。”洛阳汤的形态也包罗万象，精心细细熬成粥是汤，简单一煮的面糊也是汤，几片豆腐一碗水下锅是汤，大块肉的“连汤肉片”也是汤，每一个洛阳人都是在各种汤水的洗礼下长大成人的。

在外打拼身心俱疲时，心心念念的就是家乡的一碗汤，因为那是可以让人瞬间满血复活的。洛阳居民区汤馆林立，门脸都不大，很多小店看起来又破又小、毫不起眼，每天早上却是座无虚席，店前空地还有一大片蹲在地上捧着大碗喝得酣畅淋漓的人，那情景可谓壮观，会把外地人吓一跳。说来挺玄幻

卖相朴素的饼丝与羊肉汤（郝丹 摄）

的，洛阳人对汤的执着深入骨髓，喝惯了这里的汤再去其他任何地方喝汤都只是将就，就连近在咫尺的郑州似乎都不再是那个味儿了。

“早上一碗汤，给个神仙都不当”，早餐的众多汤食中，最受欢迎的是荤汤。至于是醇正浓郁的牛肉汤、滋补鲜美的羊肉汤，还是补气安神的驴肉汤，这可是个艰难的选择，因为这三种汤各自精彩，若展开细聊能写出一部三足鼎立、互为犄角的“三汤演义”。而豫南关小碗、马杰山、马小道牛肉汤；白鹤镇铁谢羊汤，三旦、龙门羊肉汤；大石桥陈记、匡家驴肉汤等众多品牌各有拥趸，亦敌亦友，能勾连出一部刀光剑影、激荡人心的武侠小说。

无论是天寒地冻的冬日还是酷热难耐的夏天，汤馆店头总是冒着氤氲的热气，经过通宵达旦的温火煮熬散发出阵阵香醇，给凌晨四周冷清的空间带来浓郁的人间烟火气息。天刚蒙蒙亮，就有食客守候在汤馆门口，因为不少讲究的资深老喝家只喝头汤，他们认为只有最初的那三碗最能体现汤的精华。

牛肉汤有甜咸两种口味，所谓“甜汤”是在制作过程中完全不加盐，纯正原味，需要食客自己加盐和辣椒。牛肉的处理是技巧，好的甜汤完全没有膻味，还有一种所谓“本味”的甘甜。羊肉汤可清汤、可肥汤，前者不带一点油星儿，膻味儿刚刚好；后者醇香浓厚，唇齿挂香。驴肉汤的特色是汤里漂着韭黄和白色的驴血，加点蒜末更加鲜美。无论哪种汤，都可以配上发面油旋、烧饼、方饼、油酥、锅盔馍或者切成细丝的薄饼，有的还配有焦炸丸子、豆腐皮等，加几片煮熟的肉，最后撒上碧绿的细碎葱花和芫荽（香菜）。迫不及待地用筷子拨走漂起来的配菜，轻轻吹开热气和表面浮油，对准好不容易才露出来的烫烫的乳白色浓汤吸溜一口，那种浑身通泰的感觉赛神仙啊。

重油重辣，喝得固然过瘾，但那些只喝甜汤清汤、不放辣椒、少油少盐的人才是真正的喝汤行家。据说喝了一辈子汤的老喝家在不加任何调料的汤中能喝出丰富的层次，甚至能分辨出煮肉时入锅、起锅的微妙时间差。Less is more（少即是多），境界越高需要的越少、喝的越淡，这是汤中的哲学况味吧？无论哪种汤，每喝一口，喝汤人脸上就多一分舒坦，仿佛在演绎“滴滴香浓，意犹未尽”……没关系，在洛阳喝汤，可以免费无限续汤，一直到你的肚子装不下为止。这是洛阳特有的淳朴风俗，难怪大家都笑说“一入洛阳深似海，从此做个喝汤人”呢。

记得一次看电台做节目探寻正宗洛阳汤的秘密，质朴憨厚的汤馆掌柜说：“在洛阳经营好汤馆不需要投资广告、营销、装修，甚至不需要所谓的‘创新’，只要依照老传统备齐材料，一个步骤一个步骤老老实实去做就行，用料、功夫、火候、时间都足了，汤不会骗人。”当时的我想：“这算什么秘密！”这么多年过去才明白，世上的事哪有秘密啊——数千年浮沉、十三朝国都的兴废，给这里的普通人留下来的最可靠的经验就是踏踏实实、去智去巧，最简单的才最经得起时间的考验——在这个什么都速成、什么都合成的时代反而成了秘密。

洛阳小吃

洛阳小吃最著名的两个地方是西工小街和老城十字街夜市，都集中了全国各地的美食，一家挨一家的摊店让你的鼻尖体验臭豆腐、麻辣烫、螺蛳粉、烤鱿鱼……应接不暇的味道生动地诉说着人间烟火。西工小街任何时候去都是

十字街夜市（常立新 摄）

人声鼎沸，客人如织，代表性美食是锅贴。锅贴到处都有，但西工小街的锅贴最是洛阳人的心头所爱。大家都说这里的锅贴有开封灌汤包的影子，工艺讲究，制作精细。刚煎好的锅贴整整齐齐地趴在锅上，滋滋冒着热气，色泽金黄透亮、外焦里嫩，咬一口鲜香流油，再蘸上醋和辣椒更是别具风味。

十字街小吃夜市需要到夜幕降临、一排排大红灯笼亮起来时才进入热闹鼎盛的时刻，最著名的招牌小吃是不翻汤。虽然也有个“汤”字，但如果洛阳人招呼说“走，喝汤去”，那“汤”可以是牛肉汤、羊肉汤、驴肉汤，甚至是丸子汤、豆腐汤，但绝不可能是不翻汤。尽管近年来不翻汤的名气如日中天、是外地人心目中洛阳美食的代表，但耽于传统的老洛阳人还是不能把它视为“汤”——单凭不翻汤店一般下午到晚上才开门这一点，它就跌出了洛阳汤团第一梯队的资格，只能算作小吃罢了。

然而，在洛阳众多汤食中并不起眼、没有太被本地人放在眼里的不翻汤，随着洛阳旅游的兴盛，因被媒体广泛报道而声名鹊起，成为外来游客的打卡美食。“不翻”是绿豆面糊摊的小饼，得名于易熟不用翻面。高汤中除了“不翻”饼以外，还要配上金针菇、粉丝、韭菜、海带、虾皮、木耳、紫菜、海带、黄花、木耳等各种配菜，特点是内容丰富、酸辣利口、油而不腻。自从《风起洛阳》的作者马伯庸表明“我最喜欢不翻汤，酸辣咸香，它不是那种满满当当一大桌子的正菜，而是亲民的小吃。美味且不必端着，想先喝汤就喝汤，想吃饼就吃饼，没有一定之规，整个人是放松的”后，不翻汤似乎更火了。

不少老洛阳人甚至自己还没喝过，一时间当然难以接受不翻汤新晋成为洛阳美食的领军人物，在他们心目中，要排洛阳小吃，至少也要先排浆面条啊。浆面条也叫酸浆面条，以绿豆浆发酵制作面浆，经特殊工艺制成的面条，是洛阳民间特有的传统名吃，被亲切地称为“浆饭”。“河南府有三宝，孟津梨、灵宝枣、洛阳城里浆面条”是老辈人的口头禅。浆面条制作简单，物美价廉，独特的酸味不是所有人都能欣赏得了，可能这就是人气度远远低于不翻汤的理由。不过那又如何？所谓“美味”不也是参差百态吗？有浓厚地方特色的味道注定做不到“放之四海而皆准”，专心地做少数人的知己也不错。

每个地方都有自己的饮食特色，所谓的“一方水土养一方人”，归根结底是文化气息与土地风貌的折射。洛阳处四面环山的盆地，雨量少，关于吃的内核离不开一个“汤”字，是个人人手中一碗汤的城市。汤可以缓解气候干燥、抵御寒冷和炎热，让咸咸淡淡的日子在汤汤水水中流转迂回，维系着一代又一代的洛阳人。在洛阳品咂着冒着热气的汤，品尝历经千年岁月凝练的味道，也是品味着有滋有味的生活。

雅言乡音

洛阳人打招呼最常说的一句话恐怕是“喝汤嗤（吃饭了吗）”。“少小离家老大回，乡音无改鬓毛衰”，无论天涯海角、富贵贫穷，这句家乡的特有话语和声音总是与你相伴，胜于任何身份证明。哪怕已满口标准流利的普通话甚至外语，乡音总是隐藏于心间、潜伏于舌底，遇到合适的时空，不经意间就会脱口而出——乡音牵动的乡情是一种终极乡愁。

相比于普通话的文明洋气，方言在很长一段时间里被现代人视为土气和落后的象征。其实，抛弃偏见，会发现各地方言与当地风土人情同频共振，都有独特的韵律和节奏。洛阳地区的历史最悠久，洛阳话的“土”名正言顺。

显赫“前生”

当代社会长期以来对河南的印象并不友好，但凡影视剧、话剧甚至春晚上的负面人物出场，往往被设计为操着一口河南话，他（她）们或者贫穷粗俗、不讲卫生，或者愚昧无礼、好占便宜，或者干脆就是偷窃抢劫的不法之徒。拜这种“艺术加工”所赐，整个河南形象都被贴上了无知粗劣、贫穷势利的标签。洛阳话作为河南话的重要代表，自然也显得土里土气、低人一等。若一位衣着时尚的妙龄女郎，张口就是方言，必然是要以“没见过世面”之名被减分的。

因为洛阳的乡音而被瞧不起？清代以前的古人大概无法想象。毕竟今日洛阳话的前生——历史上的洛阳话长期以来本身就是权威和世面的象征，是被四方人士争相学习的对象。

鲜活的老城古街（李炜 摄）

东汉时许慎在国都洛阳著出中国第一部系统地分析汉字字形、字源的《说文解字》，给我们保存了当时汉字的形、音、义，一直是最早、影响最大的字典。陈寅恪考察并指出："永嘉南渡之士族其北方原籍虽各有不同，然大抵操洛阳近傍之方言，似无疑义。故吴人仿效北语亦当同是洛阳近傍之方言，如洛生咏即其一证也 。由此推论，东晋南朝疆域之内其士大夫无论属于北籍，抑属于吴籍，大抵操西晋末年洛阳近傍之方言。"唐长孺先生也认为，吴亡之后，江南士人羡慕中原风尚，"一到晋室东迁，以洛阳为中心的中原文化便移到了建康"。

强调自己"祖上也曾经阔过"虽然有阿Q精神之嫌，但还有哪个地方的方言有如此辉煌的过往？唐代李涪说："凡中华音切，莫过东都。盖居天地之中，禀气特正。"宋代陆游说："中原惟洛阳得天下之中，语音最正。"（《老学庵笔记》）寇准说："惟西洛人得天下之中，语音最正。"清代朴隐子说："词严声律，韵必中州。盖河洛当九域之中，其音可通于四方耳。"（《诗词通韵·序》）阎若璩说："洛阳为天下之中，南北音词，于此取正。"…… 洛阳一带的语言长期被认为是上国衣冠所用的精致语言，是风光无限的经典雅音。特别是洛阳太学授课读书时用的语音语调，被称为"洛下书生咏"，是外地学子的必修课。

洛阳话曾经在相当长的时间里被各地上层人士效仿，会说洛阳话，不仅是身份尊贵的象征，关键时刻还能镇住场面、救人性命。虽然听起来有些匪夷所思，但正史确有记录。在五胡乱华、中原板荡的时代，晋室朝廷大臣东渡江南，政局尚未完全稳固，手握重兵的桓温设“鸿门宴”邀请，谢安等东晋中兴关键人物怀着“晋阼存亡，在此一行”的决心毅然赴宴。席间气氛紧张微妙之际，谢安神态安详地大声以“洛生咏”朗诵稽康的“浩浩洪流”等名句。谢安稍有鼻疾，浓重的鼻音增强了语言的气势，强大的气场顿时稳住了局面，桓温遂不敢加害。

谢安的洛阳话震慑江东大族势力，不仅维护了朝廷的面子，还稳住了当时的政治格局，“洛生咏浩浩洪流”也成为临危不乱、坦然应对的典故。一时间，建康城内的名流才俊争相效仿洛生咏的风气愈演愈烈，以至于为了突出鼻音效果，甚至有人捂着鼻子练习。这种亦步亦趋的效仿也引起了一些人的反感，《世说新语·轻诋》记载有人问画家顾长康为什么不作洛生咏，他没好气地回答：“何至作老婢声”，讽刺那种鼻音浓重的腔调。

另一个惊心动魄的故事也与“洛生咏”有关。《南齐书·张融传》记载：“广越嶂崄，獠贼执融，将杀食之。融神色不动，方作洛生咏，贼异之而不害也。”短短数行字，却描述了特立独行的江南名士张融以洛阳话退敌的逸事。吴郡（今江苏苏州）人张融出身世族，是南朝时的才子，不仅在清谈、佛学、书法等方面造诣颇深，还精通“洛生咏”。有一次他从江南到交州（今越南与广西交界处）公干。当时过了岭南就属于化外之地，山高路险，被一群野蛮人劫持。就在要被杀死吃掉的生死关头，张融从容镇静，模仿洛阳读书人的样子开始高声诵读，重浊沉郁的气势、抑扬顿挫的音调将蛮贼吓住了，竟不敢伤害他——“洛生咏”的力量又一次让人在绝处换得生机！

小学生写作文时常常引用的一句名言是“世上有三样东西不可追——射出去的箭、说过的话、过去的时间”，一直印象深刻。据说古代洛阳话是入声韵发音短促，一发即收，天生便带有悲切之感，从某种意义上说后人无法准确得知这究竟是一种什么样的声音。语言学家不断努力也只能推测出部分字音，或许我们永远无法领略千年之前仅凭语音语调就能够震慑敌人的“洛生咏”的风

回荡在历史中的狮吼（李炜 摄）

采，但这种遗憾也是古代洛阳话魅力的一部分。比较可爱的是李白，他说“闷为洛生咏，醉发吴越调”（《经乱后将避地剡中留赠崔宣城》），看来洛生咏适合正儿八经有所思虑的时候，而喝点小酒、轻松愉快时冒出来的就是吴侬软语了。苏轼也曾说“缅怀周与李，能作洛生咏”（《径山道中次韵周长官》），可见宋时的文人墨客皆以能作洛生咏为荣，他的“大江东去浪淘尽”应该最适合洛生咏吧。这样也就理解了为什么豫剧的传统代表曲目都是悲壮苍凉的《穆桂英挂帅》《花木兰》，即便现代曲目也多为朴实无华的《朝阳沟》《刘胡兰》，很少有《游园惊梦》《天仙配》那样文雅清丽、你侬我侬的曲目。

质朴“今世”

究竟什么时代、什么话算是“洛阳话”，其实并没有固定标准。我的理解是生活在洛阳地区的人们普遍通用的、具有地方特色的语言，都可以称之洛阳话，不同时期的洛阳话在发音规则、语法结构、词汇习惯等都不尽相同。虽然古代洛阳读书音与庶民白话有所不同，但毕竟是同一地区长期连续使用的通用语言，必定互相影响，语音语义都有众多雷同和关联。

语言随着洛阳城的兴废而经历数千年的流转嬗变，沉淀了厚重的底蕴，有独一无二的文化美感。古代洛阳话不仅是一方人士的共同语言，还随着几次河洛地区向东南方向大规模移民而影响深远。据语言学者调查，如今江浙、闽南、两广、云贵等地的语言发音中具有很多古代洛阳话的元素，其中客家话尤其明显。在台湾，人们习惯称洛阳话为河洛话，称说洛阳话的人为河洛人，据《台湾省通志》记载：“本省人，系行政上之一种名词。其实均为明清以来大陆闽粤移民即河洛与客家之苗裔。”连横在《台湾语典》的自序中指出：“夫台湾之语，传自漳、泉；而漳、泉之语传自中国。其源既远，其流又长。”最初的源头就是中原洛阳一带。

当今影视中的“河南话”在真正的河南人听来是有点尴尬的，因为那是被特意设计出来的，夸张而不自然。一定要归类的话，影视中的河南话几乎都是郑州一带的方言，很少出现地道的洛阳话。洛阳话是豫西地区的语言代表，尽管语音、语意的分歧不是很大，但与河南其他地区的话还是有所不同。无论你是否听过当代洛阳话，只要听过一次豫剧《花木兰》唱段，大约就能跟着哼唱出一句相当标准的“谁说女子不如男”来。当代洛阳话就是这么亲切易上口！

当代洛阳话豪放简洁，语言的乡土气息来自地理环境。地处天下之中的洛阳语言，注定要和周边地区的话相互影响。平原地带的坦荡地势让洛阳话的表达既不像吴侬软语那般细腻柔和，也不像广东粤语那样铿锵有力，而是中正平和，朗朗上口。

近百年来当代洛阳话的演变发展也许比过去任何时代都要激烈。新中国成立后，洛阳作为重点发展的新工业基地，吸引了全国各地的专业人才前来支援建设，使洛阳成为移民城市。除老城、瀍河两区以外，其他区的外来人口比例都相当高，因此洛阳是普通话普及率最高的城市之一。外来游客在街头问路时常惊喜地发现，说普通话的老人在洛阳随处可遇，沟通完全没有问题。洛阳的年轻人更是既说普通话，也会说洛阳话，两种语言视谈话对象而定，张嘴就来、无缝切换。若有人说普通话时不经意间直接带入洛阳固有方言的发音习惯，就会被嘲为“洛普”——洛阳普通话。如果以居住于洛阳的人在生活中沟通交流所用的语言作为标准来看的话，现在的洛阳话越来越接近普通话，传统洛阳话的痕迹呈现淡化趋势。

洛阳话比较容易上口，但掌握细节和精髓却不易，需要长期浸染于洛阳文化圈中才能真正说出“洛阳味儿”。目前洛阳城中最“原始”的洛阳话主要在世代居洛阳的瀍河区、老城区居民之间使用。最明显的特点是有很多儿化音，但字音儿化的方式与老北京的“京片子”有明显不同。洛阳话还大量使用切合音，发音简练快捷，可以高效率地进行沟通。最有特色的是洛阳话中惯用表达词汇丰富，已查明其中保留了不少上古汉语的表达方式，这份穿越千年历史的执着显得弥足珍贵。

在洛阳，有一种沉默叫“爆吭气儿”，有一种招人烦叫“壤巾”，有一种厉害叫“镇造”，有一种馋嘴叫“下材”，有一种孤独叫“独孤烟儿”，有一种吵闹叫“鸡咂”，有一种不争气叫“日马 chuā”，有一种惊讶叫“外日他嘚”，有一种鄙视叫“真死贵”，有一种内向叫“出不里摊儿”，有一种恶心叫“隔意人”，有一种同行叫“厮跟”，有一种板凳叫“小墩儿”，有一种质量差叫“瓤擦”，有一种蹲叫“估堆”，有一种器官叫“滴脑”，还有一种器官叫“不捞盖儿”，有一种开玩笑叫“毛捣”，有一种骗人叫“捣人”……这是早些年流行的关于老洛阳话的段子。虽然用字只是音同，并不准确，但每个在外漂泊的洛阳游子在读到的一瞬间，还是会被击中内心。

这些小时候听长辈或周围人用过的话语，当时觉得乡土气息太浓还曾羞于使用。如今的年轻人更是用得越来越少，但奇怪的是，离家日久，反倒觉得这种土得掉渣的熟悉乡音最有味道。而且不少学者通过考证，认为最土的洛阳话才是尽得古汉语的真传、最能体验汉语本味的部分。例如现代汉语中的“造”主要用于动词“做”的意思，百分之九十九的人听到“造人”想到的是生孩子。而洛阳话常用“造”来感慨他人的贡献和成就，比如“才五岁就能用英语演讲，太造了”。我原来一直以为只是发音偶然相同而已，后来特别震惊地得知，“造”字在上古、中古的用法中真的有“成就”之意。古时称学术道业已有成就的人为“造士”或“造人”，《诗・大雅・思齐》中“肆成人有德，小子有造”是歌颂周文王英明的，意为如今成人有德行，后生小子有成就。

还有，老洛阳人用“你哲不哲”表示“你知道吗”，而唐代颜师古为《汉书》作注时就明确写道“哲，知也”；用“昭”表示“仔细看”，这个“昭”在古代就有“清楚、明白”之义，但上古文献中“昭”这一动作发出者多是君王，而今却为洛阳的平民大众所使用；对春夏秋冬的衣物分类为“布衫、袄、大氅”……当知识足够丰富，就会发现最土的洛阳话反而真的最古典，有一种质朴的文雅。“我知道你饿了，吃完饭再仔细看吧。”这句话用老洛阳话来说是“我哲你饥，吃罢饭再昭”。是不是更显简洁而高级，有种莫名的古典文艺格调？

沧桑鼓楼（李炜 摄）

洛阳话还有很多习惯用语，以为只有发音，细究的话都能找到对应的汉字，只是很多都是生僻字而已。比如小时候家中长辈一直习惯把香菜叫 yansui，后来在课本上学到了芫荽这个词；“qiāng 人”意为欺负人、恃强凌弱，写作“戕”；ráng（二声）形容软弱不结实，对应的字是“穰”，指植物柔弱的内芯或秆茎，“不穰”的意思是还不错……洛阳人乃至河南人，发出感叹时喜欢拖长声音来一句“yi——”，这个家长里短的交谈中频繁出现的语气词写作“噫”，早在近两千年前就被这样使用了，在汉代文学史中颇有地位的《五噫歌》，就是创造了成语“举案齐眉”的梁鸿、孟光夫妇在邙山上望洛阳城的感叹。

被认为是随风而逝、无影无形的语音，单靠口口相传，竟然能保留这么多上古、中古、近古的文化元素。数次中原板荡，多次王朝更迭，都不能磨去语言承载那些民风与文明的痕迹，天下之中的洛阳的确很“中”！总之，了解洛阳话中包含的古汉语的词音、词义用法，越发觉得很神奇。千年不变的乡音让人感受方言的魅力，也再次证明了这片土地上的人们“守正”的执着。

洛阳话和普通话的差别没有那么大，发音表意都亲切实用，学个大概很容易，但没有环境和文化的长期浸染，很难得其精髓、运用自如，所以影视人物临时拼凑出来的河南话才会听起来如此尴尬。尽管来自五湖四海的新洛阳人冲淡了老洛阳话原有的味道，站在现代社会回望传统，从洛阳话中还是能找到各个朝代中原雅言的痕迹。

根在河洛，语言生长自这片土地，体现着洛阳的气质与魅力。作为洛阳人，得知这些耳熟能详的土语、俚语中包含如此多的密码、一个个曾经萦绕于耳边的发音都能找到对应的汉字、辗转于唇齿的语意竟然大有出处，有热泪盈眶的感动。“嬰”等生僻字在洛阳还被鲜活地使用着，诸如此类的洛阳日常生活，通过与特定时期的古汉字、古汉语、古文献的链接，蜿蜒拓展出一条若隐若现的路径，沿着它能依稀看到中国传统文化的来路与归途，怎能不激动！我们记住了语言，也就记住了乡愁。

传世文物

新时代的来临，并不意味着旧时代的完全退场，那些经历过的时间，会换一种更为隐秘的方式存在于这世间，陪伴着我们，譬如文物。“文物”最早指礼乐典章制度，现在主要指前代遗留下来的遗物、遗迹。“洛阳自古帝王州”，文物之盛，灿若星辰。无论这些文物目前暂时属于谁，保存于何处，它们都是华夏文明肇始以来的珍贵记忆，属于我们每个人。

大唐三彩

唐三彩，又叫洛阳唐三彩，从名字就可以知道，这又是一个命运与洛阳和大唐紧紧绑定之物。虽然现在无人不知唐三彩的大名，但这个名词的历史并不久远。清朝末年，政府兴建开封至洛阳的铁路工程，路线穿过洛阳邙山脚下，破坏了埋藏在这里的无数古迹，至今令人惋惜。唯一算作幸运的，是这次施工使得作为随葬品而深藏于唐墓中的大量彩釉陶瓷得以重见天日。以往的陶器有两种颜色就很罕见了，这批冥器是唐代生产的一种低温釉陶器，流光溢彩，以黄、绿、白三色为主，一问世就震惊海内外。因为是洛阳出土的，所以最初被命名为“洛阳唐三彩”，民国时期成为专有名词流传开来，后来简称“唐三彩”。

名曰三彩，实际上观察一下就会发现，唐三彩有单彩、两彩或多彩，颜色虽以黄、绿、白为主，却并不止三种，还有少量红、褐、蓝、紫、黑等色。而最奇妙的是，唐三彩的釉彩多变，在烧制过程中由于铅釉的流动，各色精妙地交织在一起、随机组合。通过碰撞融合，巧妙组成浓淡有致的层次、绚丽多彩的色釉，光泽和色度还会随着光影、周围背景色调而变化无穷。很多时候，面对一件唐三彩制品，我们明明可以充分领略唐朝浓稠艳丽的时代风格，却很难用语言准确形容那种斑驳淋漓。目前尚未得知古人是如何称呼这类东西的，但我觉得今人命名的“三彩”这个词异常精妙，生动诠释了“三生万物”的深奥境界，有种中国文化特有的哲学气息。

中国历代遗留下来的众多器物中，大概唐物最一目了然，容易被辨认出来，因为色彩最为炫目。人们对色彩的理解和运用在大唐盛世中达到极致，明丽鲜亮的黄色、典雅沉静的白色、富有生机的绿色，配上奔放热烈的红色、沉稳敦厚的褐色、高贵神秘的蓝色……一起成就了唐三彩的浓墨重彩、缤纷绚烂。然而，或许当时的人们深信唯有这份大胆放纵的绚烂，才能为地下深处幽暗阴冷的亡人世界带来一丝明媚，因而如此华丽的器物却只是作为冥器为身份显贵的亡人陪葬。洛阳唐三彩集结了当时最精湛的烧制技艺和不朽的艺术价值，至今仍散发出唐代东都独特的人文风情与时代面貌。

唐三彩另一个吸引人之处是丰富生动、变化多端的造型，最能体现大唐的盛世风采以及雄浑博大的文化气度。其细部刻画尤其生动逼真，如下图的镇墓兽，是放在墓室入口处起守护、震慑作用的。这一件出土于洛阳龙门附近的唐三彩镇墓兽，是三彩艺术的精品典范。它人面兽身，头生怪异的尖角，张口露齿，怒目圆睁，巨耳张开，仿佛能捕捉到一切声息，随时准备出击。身体两侧还长着树叶状脊刺和飞翼，通身以黄褐、深绿为基调。匠师们丰富的想象和娴熟的艺术表现力让这神兽集威严与怪异于一体，令人望而生畏。我对它印象非常深刻是因为自己在日本期间正好遇上唐三彩赴日展出，宣传海报就是用它配以“唐三彩展——洛阳之梦”的巨幅标题。那次巡展非常成功，来自古都泥土之下的三彩器物们带着千年的历史风尘，从洛阳出土，又漂洋过海，深深震撼了海外民众。

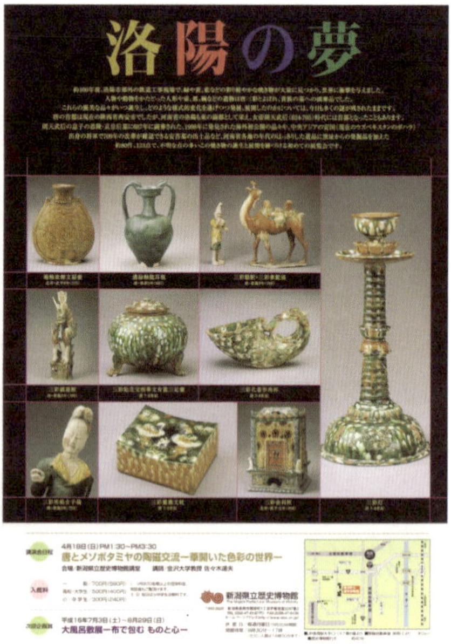

日本“洛阳之梦唐三彩展”海报（黄婕提供）

目前洛阳出土的唐三彩有器皿、人物、动物等，它们比例准确、形神兼备，富于艺术的概括力，其中数量最多的是雄健的骏马与憨厚的骆驼。由于唐代尚马之风极盛，三彩动物中马的造型最多。当时的匠人用熟练的技术和灵巧的刀法，塑造出各种骏马形象。三彩马大多雄健肥硕，颈部宽厚、臀部浑圆是其特征。这既符合唐代艺术一贯丰满健硕的特征，也缘于马的品种据考证多是西域来的贡马。著名的三彩黑釉马就出土于洛阳，它全身黑色，唯面部、鬃尾、四蹄白色，鞍鞯绿、黄、白三色相间，仿若传说中“龙种神驹，四蹄踏雪”的再现。

骆驼是当时中外贸易长途跋涉的交通工具，也大量出现在唐三彩中。上图海报中的载丝骆驼是1963年洛阳关林唐墓出土的。骆驼背垫黄、白、绿花毯，双峰间搭兽面驼囊和丝绢，正作昂首嘶鸣状，再现了中亚人到中原内地经商、满载丝绢归去的真实情景，是当时中西方文化交流盛况和洛阳作为丝绸之路重要据点的实证。

三彩人生（王栾生 摄）

洛阳出土的唐三彩雕塑人物具有写实风格，一般形体比较小，手法以洗练明快为主。形象涉及各种人群，有菩萨、天王等想象人物，更多的是武官文吏、男僮女侍、贵妇等现实生活中的平凡人物，还有众多深目高鼻的胡人形象。他们头戴尖顶帽，身穿开领衣，或手执乐器杂耍舞蹈，或神态安逸地背负包袱前行，或在牵马、骑骆驼。人甬的制作工艺重在摄取神态，但也决不忽略必要的细节刻画，简洁而传神地演绎出大唐盛世下各国人频繁交往的盛况和人们从容自信的内在精神。

三彩俑比陶俑更精美华丽，在造型、色彩、装饰技法的方面更加讲究，随着国力强盛、社会富庶，厚葬之风兴起，成为达官贵人争相配备的随葬品。然而安史之乱骤然给大唐帝国的太平盛世划开一道巨大裂痕，战火烽烟中，民不聊生，作为贵族奢华享受的唐三彩也迅速走向没落。唐三彩是盛唐时代的特有产物，虽然制作、使用时期比较短暂，在历史长河中如惊鸿一瞥，却在色彩、造型、工艺方面都闪烁着中国古代社会鼎盛时期的艺术光辉。

当代洛阳人为了不让这样盛世荣光的艺术成为绝响，经过几代人的努力，在复原和传承历史技艺的基础上，改进釉料配方，丰富釉彩种类，研发出仿古三彩，并衍生出适合新时代的三彩釉画艺术品。还利用历史优势，因地制宜，在孟津、洛宁等地打造建立“三彩小镇”，农家小院的屋脊、门楼，街道的景观、小路，处处都是仿古的三彩、陶俑，仿佛走进了一座露天的唐三彩陈列馆。每到节假日，就因研学的少年、休闲的游客而热闹非凡。当代洛阳唐三彩，终于不再困守于黑暗的地下，仅仅为死者守墓，而是光明正大地走入阳光下的寻常百姓家了。

墓碑石语

洛阳地区旧石器遗址的研究表明，在数万年前的远古时代这个地区就有人类文化活动的痕迹。土地创造并滋养万物，万物在生命的尽头又重新归于尘土，一代又一代的人们在这里生生不息。或许从上古时代起，河洛大地上的人们就意识到初生如光明照耀，死亡如黑夜降临的循环。漫长的农业社会以耕种为生，人们在与泥土和石头的接触中发明了殡葬制度，为死后世界创建出一个地下暗国。

冠压群芳的牡丹花需要生根发芽于土里；涅槃于烈火考验而光彩夺目的唐三彩，成胎于水与土的组合……洛阳的土地格外厚重，大家都说洛阳的宝贝都埋在脚底下呢。的确，不说别的，仅来自洛阳地下的古代墓志，就是历史赋予的独一无二的珍贵财富。

墓碑与墓志都是古代人在墓葬时用来表明死者身份、记录生平事迹的刻石。碑表立于墓外，墓志分上下两层埋于墓中。上层刻有标题称为“盖”，下层刻有墓志铭称为“底”。“北邙山头少闲土，尽是洛阳人旧墓。旧墓人家归葬多，堆着黄金无买处。”（王建《北邙行》）实际上何止邙山，整个洛阳都是古人愿意争相归葬的风水宝地，龙门山、万安山等都是大型墓葬茔区。

“君埋泉下泥销骨，我寄人间雪满头”，这句感动无数人的诗句出自白居易的《梦微之》，古人默认地上与地下自动分成阴阳两隔的不同世界。人们对着土地思考生死，产生的悠长疑问却没有明确答案，只是一次次在生死循环中溶解于沉重的泥土中。当年风光无限的高陵大墓、嵯峨冢垒大都被盗掘，十室九空，很多珍贵文物流失散落，《洛阳出土石刻时地记》这部书以第一手资料反映民国时期洛阳古代墓葬的盗掘、文物的倒卖和流失情况，令人扼腕。万幸

洛阳出土颜真卿手书墓志拓本（黄婕提供）

的是还有不易搬运的石头墓志保留下来，成千上万个生命的生平事迹曾被带着追思刻在石头上，展现在我们面前，让今人有机会瞥见各色人物正史记载以外的一面。

如饶宗颐在《远东学院藏唐宋墓志目引言》中言：“碑志之文，多与史传相表里，阐幽表微，补阙正误。”出土墓志作为石刻文献，往往具有珍贵的文化、信息价值。比如“白日依山尽”的诗句在中国无人不知，但留下《登鹳雀楼》的诗人王之涣却因官职低微，史书无传。二十世纪三十年代洛阳出土的王之涣墓志全文共 545 字，为研究王之涣提供了珍贵的实物资料。还有 1926 年出土的元桢墓志，距今有 1400 年，是目前所知北魏墓志中刊刻年代最早的，其书写尽显雄奇大气、古拙质朴。北宋宰相富弼墓志边长达 1.41 米、厚 0.3 米，全文共计 6595 字，由司马光篆盖。最近公开展示的李训墓志，因书丹者为遣唐使吉备真备而震惊中日学界，引起海内外争论……

诸如此类，不可枚举。静静镌刻在冰冷石头上的字句不仅记录一个生命的轨迹，其中的只言片语还能够炽热地反映出一个时代的气息。因此，无论

散落于千唐志斋一隅的石碑（常立新 摄）

《古文辞类纂》还是《经史百家杂钞》等，都必会把古人的墓志铭作为重要文体载入其中。尽管对亡人有溢美之词，但其基本内容还是可靠可信的，是那个时代难得的第一手资料。

由于洛阳出土的墓志特别丰富，远远超出包括长安在内的其他地方，尽管辛亥革命元老张钫在洛阳铁门镇营建园林“蛰庐”（现为千唐志斋博物馆），专门收藏自西晋、魏以来的1400余件历代墓志石刻，但还是有大量洛阳墓志流落外地和国外。日本学者气贺则保规教授致力于探讨为什么古代墓志多集中于洛阳，他认为这种现象反映了洛阳在中华文明的世界里“作为思想观念或者说精神层面”的特殊地位。

值得一提的是，与墓志的出土相伴、代表洛阳风物的还有一个尴尬的器物——洛阳铲。有人说洛阳铲是洛阳附近的盗墓者于20世纪初发明的。盗墓猖狂的时代，在洛阳铲“为虎作伥”之下，多少国宝级文物从洛阳流落海外。然而也是因为它，原本深埋地下不为人知的墓志能够大量出土，成为一门博大精深的学问。

无论如何，这个原本的盗墓工具为后人逐渐改进，既是盗墓贼也是考古钻探的必备工具。据悉，“洛阳铲”已被正式作为田野考古工作者的特备工具，形成中国独有的考古钻探技术，也成了中国考古钻探工具的象征。在相关专业的教科书上有对其图形、使用方法的介绍，正式推广使用的洛阳铲——毕竟它只是工具，尽管名声不好，但至今仍被称为在世界范围内最好的考古工具之一！同时，洛阳铲模型也风靡一时，成为如今洛阳旅游手办纪念品的代表。

时代的吉光片羽

洛阳是个幸运的地方，因为从华夏文明肇始的夏商周三代起，我们祖先就开始在这里通过勤劳与智慧创造非凡的文明。尽管这座城市经历了战火与沧桑，有过无数伤痕，但每个走过的时代也给它留下了历史的馈赠。

“天子驾六”车马坑就是这样一个地方。2002 年洛阳进行河洛文化广场人防工程建设时，意外发现东周王城遗址，共发掘车马坑 18 座，墓葬 397 座，其中最震惊世人的是“天子驾六”车马坑的出现。车马坑是古代高等级墓葬用于埋葬陪葬用马车的陪葬坑，流行于商周至秦汉时期，而天子驾六指的是古代礼制的一种行为，指皇帝级别的六匹马拉的两轮马车。

礼乐制度条款繁多、等级分明，对于古人出行的乘舆更是有详细的规定，包括马匹的颜色、数量，配置等。《周易》京氏、《春秋》公羊说皆云“天子驾六”，《逸礼·王度记》也明确规定：“天子驾六马，诸侯驾四，大夫三，士二，庶人一。”然而时光流逝，离开了特定时期，曾经理所当然的事实也会因遥远而变得模糊。东汉时期经学大炽，经学家们曾围绕周天子的座驾究竟是“六马”还是“四马”发生争论，大儒郑玄说“‘天子驾六’者，自是汉法，与古异耳”，他主张古代天子的乘舆规格应该是四匹马。郑玄的影响力巨大，多数人也认为驾驷已经是最高级别，相当了不起了，所以用“君子一言，驷马难追”，表示话一出口就无法悔改，“驷”即指古代同驾一辆车的四匹马或套着四匹马的车。

有意思的是，“驾驷”这个词在洛阳话中一直活跃到现在，仍然是了不

天子驾六博物馆（黄婕 摄）

起、厉害的意思，不知是否纯属巧合。有时候暗含讽刺："你咋镇驾驷。"意为你凭什么这么厉害。由于没有实证，这个争论始终没有真正解决，写《说文解字》的许慎就坚持"天子驾六"之说。直到今天，这个东周王陵六匹马车马坑的横空出世，才用不争的事实为这个问题圆满地画上了句点。我们终于可以确认：最迟从东周春秋时代开始，天子已经采用驾"六"的方式出行。

经过反复调研，洛阳闹市中央东周王陵墓群的发现处就地建起博物馆，原址展示"天子驾六"。谁能想象在洛阳最繁华的地段、人群川流不息、热闹非凡的地面之下，静默地躺着东周天子浩浩荡荡、井然有序的出巡车队！唯一令人惋惜的是，由于现实原因，被发现的东周王陵大部分被回填，"天子驾六"博物馆内的车马坑内仅存车 25 辆，马 70 匹，只是原王陵区的极小一部分。由于是原址展示，尽管那些矫健的骏马、飞驰的车轮早已化作尘土，但无声中透着威严肃穆，令人不敢喧哗，这就是所谓的"王气逼人"吧。

像"天子驾六"这样的残存在洛阳的历史碎片还有很多，吉光片羽般带着每个时代的光芒，星罗棋布地散落在洛城内外。位于新安县的汉函谷关始建于汉武帝元鼎三年（前 114），雄扼崤函孔道，是拱卫洛阳的八关之首，这座军事要塞成为洛阳到长安的咽喉，距今已有两千多年的历史，仍有部分城墙和

函谷关风云（侯桂芳 摄）

道路，可谓真正的“雄关漫道真如铁”。

永宁寺塔现存遗址位于汉魏洛阳故城南端，虽然《洛阳伽蓝记》中记载的“殚土木之功，穷造形之巧，佛事精妙，不可思议”的巨塔已不可见，但土木建筑专家们根据塔基计算出永宁寺塔的高度可以达到 150 米以上，可能是有史以来最高的土木结构建筑，特别是出土的泥塑佛像典雅恬淡，微微露出笑意，令人不禁对那个神秘的北魏王朝心生向往。还有 74 岁高龄的女皇武则天亲自手书、立于偃师府店镇缑山之巅的升仙太子碑……更不必说今日仍然满是烟火气息的洛阳明清老城，看似有古旧破败之处，其实整个区域本身就是布满丰富历史的时代遗存。

洛阳有无数传世文物，它们并非被束之高阁、只可远观的“物”，无形的气息早已萦绕、浸染着这方土地，也在不知不觉中影响着这里的人和生活方式。如同在外地人的口语中早已绝迹、洛阳人却每天仍把“驾驷”挂在嘴边一样，这些历史碎片闪烁出的文明之光，千百年来深深照亮和融入洛阳人的日常生活中。荒废已久的汉函谷关近年来作为丝绸之路的重要遗址被列入世界文化遗产名录，重新焕发生机；从永宁塔基的土坯清晰可见麦秸秆，这种麦秸制坯的方法至今仍在农村沿用；升仙太子碑贴广泛被书法爱好者学习和模仿，那独特的“飞白”手法和意态豪纵行草相间的碑文，让我们明白绝不是仅靠美貌和宫斗心机就能成为一代女皇的；号称九街十八巷七十二胡同的老城，纵横交错的并不只是历史往事，还是今日多少老洛阳人现实中灯火可亲的家……

洛阳最与众不同之处的就是背负着这些历史痕迹，挤挤挨挨，错错落落，只要有心就能发现和见证一个又一个历史深处的细节，串联起来就是我们的国家民族，以及文明之光一路走来的历程。只要有光指引，哪怕曾历经苦难，哪怕曾泪流满面，世世代代的华夏儿女依旧可以如同永宁寺出土的泥塑一般，微笑着接受暴击考验，微笑着经历烈火涅槃，在微笑中朝未来出发。

小结

历史虽然以其风沙掩盖了无数鲜活的生命片段和热闹的市井烟火，但残存下来的风物却世代存在于生活在这里的人们身边，穿透日常，触手可及。山川异域，即使风月同天，各地的风物风俗却独成一统。“橘生淮南则为橘，生于淮北则为枳。叶徒相似，其实味不同。所以然者何？水土异也。”花木、食物、语言、文物等，洛阳人生活中的风物沉默地记录着城市的厚重文脉，它们今天的样子都是随着这座城市的发展形成的，并将追随时代、不易察觉地继续变化下去。

三国时的陆机担心“京洛多风尘，素衣化为缁”；南朝齐的谢朓追问“谁能久京洛，缁尘染素衣”；唐时的骆宾王赞叹“文史盛纷纶，京洛多风尘”；宋时的刘筠说“洛尘千古化征衣”；元金时代的元好问说“素衣今日洛阳尘，白发明朝塞城草”；清时的黄景仁则感慨“浪游京洛困尘缁，惭愧生平国士知”……身处历史深处的人与事物往往因洛阳特有的史地风貌而独具特色。哪怕是一粒尘埃，洛阳的那一粒也与众不同，所谓“素衣不忍弃，为有洛阳尘”不正是如此吗？探寻具有洛阳风情的事物，可以感知这座城市外在肌体的风骨，聆听她内在心脉的韵律，如同重拾旧时光，却又每次都有新感受。

LUOYANG
THE BIOGRAPHY

洛阳传

第五章

丝路篇：古道驼铃华章

获国内外多项大奖的郭爱和作品《寻梦丝路》(洛阳三彩艺术博物馆提供)

“丝绸之路”来自19世纪末德国地理学家费迪南·冯·李希霍芬（Ferdinad Von Richthofen）的命名，他在《中国——我的旅行成果》一书中，首次把“从公元前114年至公元127年间，中国与中亚、中国与印度间以丝绸贸易为媒介的这条西域交通道路”称为“丝绸之路”。简简单单的四个字，让人联想起一段彩带环绕的广阔土地，既形象可亲，读起来也朗朗上口，很快被学术界和大众广泛接受并传播。这个名称自带岁月静好的美丽遐想，实际上却是个极其复杂的文化概念，既横通亚欧的地理，又跨越千年的历史，更是牵涉各种文明、种族、宗教……围绕这个概念与内涵，不断有各种论争，原因就是丝绸之路涉及的时间、范围和方方面面实在太多，纷杂凌乱，难以统一。

比起那些因丝绸之路而兴盛一时、又归于沉寂的古国和地域，洛阳是幸运的，自始至终是交通网络上的重要城市，也是见证了众多丝路往事的舞台。虽然古老丝路的全貌已被堆积的时间尘埃所封掩，但历史的力量就在于，无论是否被看见，发生过的事实总会以零星的文字记载、文物遗存等蛛丝马迹的线索保留真容，散发出不可磨灭的微光。等待后人通过挖掘对照、比较分析的方式披荆斩棘，拂去历史的风尘，讲述一些关于洛阳的丝路往事和传奇。

穆天子的奇幻旅行

荒哉周穆王，八骏穷万里。

朝发昆仑巅，夕饮瑶池水。

——（明）赵撝谦《古风》

文字极其有限的夏商周时代既浩瀚又神秘，《尚书·禹贡》中的“东渐于海，西被于流沙，朔南暨声教讫于四海。禹锡玄圭，告厥成功”，留给我们关于上古世界中早期华夏文明开拓天下、四方边服伟业的想象。河洛大地作为中华文明探源工程中被重点研究的区域，吸引着人们前来探索和追寻。

神话与史实的模糊界限

西晋时，河南汲县一座战国时期的魏国墓葬出土了一大批竹简，秦始皇焚书坑儒销毁大量文字记录，而这批刻着蝌蚪般文字的竹简因为深埋地下而幸存下来。这些文字通称“竹书纪年”，带给我们窥视远古时代的重要线索。然而，竹书纪年中所记内容与正史多有出入，引起关于真伪的诸多争议。特别是其中的《穆天子传》，又名《周穆王游行记》为我们描述了一段亦真亦幻的奇异旅程。

"欲肆其心，周行天下"是《左传》对第五代周天子周穆王的评价，译成现代汉语就是"随心所欲地周游世界"。这个无数现代人梦寐以求的理想，早在三千年前就被周穆王现实了。据《穆天子传》记载，约公元前九世纪，周穆王姬满继位后多次征战，讨伐戎人取得胜利。海内平定，不仅重振了国威，也意味着打通了前往西域的道路。周穆王估算西行里程时以"自宗周瀍水以西"来计算，可见是把洛邑当作西游起点的。他拜祭宗庙之后自宗周出发，率六师巡狩四海[①]。这位天子乘坐的车子由八匹骏马拉动，疾驰如闪电，北渡黄河，逾太行，经祁连山，直至西王母的瑶池，还顺便上演了一场浪漫缥缈的爱情故事。

《穆天子传》记录穆王走天山北路至昆仑，又来到风景秀丽的西王母之邦。穆王赠送她中原的特产和丝绸美绢，西王母在瑶池设宴款待周穆王。他们相谈甚欢，穆王流连忘返，临别时依依不舍。西王母献歌表达情意，穆王也深情回应，还约好了再见的时间。然而穆王又北行一千九百里，至"飞鸟之所解羽"的"西北大旷原"，自天山南路归都，始终没有再去见西王母。唐代李商隐作《瑶池》借西王母之口诉说思念的哀怨："瑶池阿母绮窗开，黄竹歌声动地哀。八骏日行三万里，穆王何事不重来？"

毕竟西王母在《山海经》中是颇具神力的女神，或许是因为周穆王在西王母那里吃仙桃仙丹、喝琼浆玉液的缘故，他活到 105 岁，在位五十五年。但是，正如诗中所问，穆王为何不再去赴瑶台之约了呢？后世之人也跟着操心，同是唐人的唐彦谦的诗可算作对李商隐的隔空答复："王母清歌玉琯悲，瑶台应有再来期。穆王不得重相见，恐为无端哭盛姬。"（《穆天子传》）让这个三角恋情的故事愈发热闹。

这个奇幻故事惊艳了世人，也给将同时出土的"竹书纪年"作为史料定位带来极大困惑。一方面，驾八骏西巡、行程三万五千里，会见西王母之事过于荒诞，似乎只能当作神话，甚至被称作我国小说的开山祖；另一方面，《穆天子传》敦煌 423 号洞窟中出现周穆王见西王母题材的壁画，不少学者从《穆

①西晋郭璞注释此处的宗周为洛阳，成为学界长期以来的主流看法，但近现代以王国维为首，开始认为此处宗周指镐京。

天子传》的语言表达、地名描述、时间使用等方面肯定它作为真实史料部分的价值。特别是文中记载的人物“毛班”与西周青铜器实物“班簋”铭文互为印证，更加深了这种困惑。

前丝路时代的中西往来

虽然“竹书纪年”的真伪之争仍未有结论，但结合《山海经》《逸周书》《国语·周语》等有关西行的材料，可以证实《穆天子传》中所述“西行”事件的可能性。由于古地名难以考证，专家对于西王母之国的具体地点也作了长久的考证①，穆王最终到达的地点虽未坐实，至少可以明确，穆天子西游之路是在张骞打通“西域”之前已存在的“前丝绸之路”。他一路上遇到各种人物、九死一生的沙漠历险，壮丽的异域风光，特别是与沿途各地域民众的往来赠答等记录应是基于一定事实的。

穆天子西游时与沿途各民族进行赠品互换，如珠泽人“献白玉，……食马三百，牛羊二千”，穆天子赐“黄金之环三五，朱带贝饰三十，工布之四”等记载中，可以看到当时物资交换的规模、方式、品种，这条西游的路上既有彩陶文化、玉石文化的交流，也有农耕文明与草原文明的交往。这些外交活动充分体现了西周以来中原与西域各民族在文化与文学方面的相互认同与融合，是汉代以后“丝绸之路”文化交流基本格局的重要先导和奠基。

如果《穆天子传》中作为周穆王行程的始点和终点的“宗周”确指洛阳的话，那么，20 世纪 80 年代出土于洛阳市中州路一座编号为 2717 的战国墓葬的 9 颗玻璃珠，无疑为这种可能性增加了说服力。这种学名“蜻蜓眼”的玻璃珠具有典型的西亚和印度风格，正是西亚或印度“眼睛文化”的产物。色彩丰富、形似蜻蜓眼睛的珠子最初源于埃及，早在公元前 1400 年—前 1350 年就出现了，盛行于草原文明时代，因为当时那里的人们相信眼睛有辟邪功能。据

①近代刘师培《穆天子传补释》认为“西王母”系译音，即今波斯。丁谦《穆天子传地理考证》说“西王母”是今巴比仑的尼尼微城。顾实《穆天子传今地考》认为穆王经波斯到了伊朗。于省吾《新证》、张星烺《周穆王西征纪程》、赵俪生《穆天子传》等也做了方位考实，有瑶池即新疆天池的说法，也有认为瑶池是布伦托海、赛里木湖等，看法不一。

博物馆相关人员介绍，带有西亚或印度风格的物品出现在中国的古墓葬中，不外乎两种可能，外地制造后传入中国的，或本地仿制的，无论如何，都说明当时的中国和西亚、印度已经有了交往①。

王城广场暮色中的天子驾六（李炜 摄）

近年来洛阳伊川县惊现2600年前的陆浑戎墓葬群，这是一个重大考古发现。这片地域的墓葬数量多达150座，通过车马旁随葬大量牛羊头蹄这一西北戎人特有的习俗和墓葬方式，再结合古文献，基本可以断定为包括浑戎王级大墓在内的戎人墓地。陆浑戎是戎人的一支，作为游牧民族，流动性很强。一般认为陆浑戎最早居于瓜州（今甘肃酒泉）附近，也有学者认为他们在敦煌、秦岭北麓活动。据《左传》记载，僖公二十二年（前638）陆浑戎被强制迁徙到洛阳附近，当年楚庄王在洛河边演兵、问鼎中原的借口就是讨伐陆浑戎。

洛阳地区一直有陆浑水库、陆浑村、陆浑岭、陆浑关、陆浑山等大量相关地名。伊川徐阳村陆浑戎墓葬群是中原地区首次发现的戎人遗存，印证了“戎人内迁伊洛”的文学记载。这对于春秋战国时期的西戎部落进入中原的民族融合、文化认同等意义重大，也间接佐证了《穆天子传》中周穆王曾与戎人多次征战的往事。

洛阳市区西南侧有周山森林公园，周代称冢为山，素朴的绿树黄土之下，目前已探明有包括周灵王墓冢在内的四座周王陵。虽然上古的历史因过于遥远而模糊不清，无论如何，《穆天子传》体现了我们的先民对周边世界的历史探索，洛阳的文物史迹也证明早在汉武帝开通西域的前几个世纪，中原与西域已有了物质与文化的交流。

①李燕锋．跟着文物“逛”丝路：“蜻蜓眼”玻璃珠，洛阳晚报（2012-04-14）http://news.lyd.com.cn/system/2012/04/14/010077290.shtml

惊心动魄的三绝三通

两汉时期，人们把今甘肃玉门关和阳关以西、葱岭即今帕米尔高原以东，巴尔喀什湖东、南及新疆广大地区称为西域。广义的西域则是指凡是通过狭义西域所能到达的地区，包括亚洲中、西部，印度半岛地区等。这些位于沙海四周的西域小国，由于生产力有限，往往要和邻国通过贸易交换粮食和其他物资以维系国家运作，因此不以善战闻名，而是通过贸易获得存在价值。中原与西域的沟通交流虽然古已有之，但真正长期持续、形成规模的往来交通形成于汉武帝锐意开拓边荒、主动与西域诸国建立联系的时期。张骞“凿空”西域被视为狭义丝绸之路形成的标志。

西汉中期，细君公主和解忧公主出塞嫁于乌孙国和亲，以政治联姻保持了与西域的通好，不仅增进了民族间的感情和相互了解，也在丝路开通之后的近百年里基本保持了东西方的交通畅达。然而，西汉末至东汉初，中原混战，西域驻军孤立无援，大多被匈奴控制。以莎车、鄯善为代表的亲汉国家多次派使者到国都洛阳，请求汉置西域都护守护丝路诸国，可惜光武帝以天下初定无暇顾及为由拒绝了这些求助。东汉王朝的消极政策导致西域诸国间各方势力矛盾重重，加之匈奴的干预，丝绸之路遂断绝。

大丈夫投笔从戎

汉武帝元封五年（前 106）曾下求贤诏书说：“盖有非常之功，必待非常之人。”生逢丝路磨难变故时期的班超，就是这样一个使“汉之威力，行于绝域”的非常之才，成语“投笔从戎”也由他而来。《后汉书·班超传》记载：“永平五年，兄固被召诣校书郎，超与母随至洛阳。家贫，常为官佣书以供养。久劳苦，尝辍业投笔叹曰：‘大丈夫无它志略，犹当效傅介子、张骞立功异域，以取封侯，安能久事笔砚间乎？’”

班超出身文化世家，父亲班彪、兄长班固、妹妹班昭都以文采学识见长，不仅共同完成了《汉书》，还留下《两都赋》《女戒》等影响中国文学和思想的文章。本身也是才子的班超，兼具胆识、勇猛和谋略，仿佛天生是为乱世而生的外交官。永平十六年（73），四十岁的他终于遇到随军北征匈奴的机会，真正地投笔从戎了。

在与北匈奴交战中，班超表现出的非凡才干受到了窦固的赏识，被派出

洛浦公园班超纪念墙（常立新 摄）

使西域。班超带着三十几个人行走于广袤的茫茫大漠，周旋在与中原断绝关系多年、对大汉充满敌意和不信任感的西域异国，还有匈奴在虎视眈眈，可以说杀机四伏。然而这种不确定性与危险在早有准备的班超眼里，正是大展宏图的机会。

在鄯善国，班超由国王态度的微妙变化见微知著，识破使鄯善国王态度摇摆不定的原因是匈奴使者的到来。趁着国王还在犹豫，他立刻召集部下，激励他们奇袭匈奴使者。那句掷地有声的“不入虎穴，焉得虎子”，至今仍用于比喻不亲临险境就不可能取得成功的决心。奇袭大获全胜，一百多人的匈奴使团被火攻全灭，而大汉使团三十六勇士未损一人。鄯善王的后路被断，除了与北匈奴决裂外再无别的选择，只得将其王子送到洛阳接受汉化做侍子（人质）。

班超善于观察、胆大心细，又雄才大略、出手狠辣，很快就在西域重立大汉国威，各国纷纷脱离匈奴归附，东汉与西域重新建立联系，“丝绸之路”至此复通。作为一个合格的大使，班超以夷制夷、恩威并施，深受当地人的热爱。当汉章帝下诏征还班超时，诸国震动，当地人苦苦挽留，有人抱着马腿，有人以自杀相胁。最终班超留了下来，后与东汉援军合力大败敌军，“五十余国悉纳质内属。其条支、安息诸国至于海濒四万里外，皆重译贡献”，真正做到了威震四方。

甘英通罗马

永元九年（97），班超派副使甘英等出使大秦。所谓“大秦”就是罗马帝国，其得名据《后汉书》记载是因“其人民皆长大平正，有类中国，故谓之大秦”。甘英一行经安息、条支，直达波斯湾边，“距玉门、阳关者四万余里”，“临西海以望大秦”，这是中国使者第一次远达波斯湾。《后汉书·西域传》称“甘英穷临西海而还，皆前世所不至，《山经》所未详，莫不备其风土，传其珍怪焉。于是远国蒙奇、兜勒皆来归服，遣使贡献”。

有研究者认为，文中提到的蒙奇、兜勒是两个地名，分别是罗马帝国的马其顿行省和东方省推罗城。《后汉书·和帝纪》也记载，公元100年“冬十一月，西域蒙奇、兜勒二国遣使内附，赐其王金印紫绶”。这是东汉与罗马两个伟大文明的第一次直接接触，罗马境内使者东来洛阳的路径就是当时的丝绸之路，成为欧亚大陆便捷的经济、文化交流通道。

更明确的是东汉延熹九年（166），当年甘英出使时就差一步没有跨海到达的古罗马大秦王安敦（罗马皇帝马克·奥里略·安东尼）派遣使者来到洛阳。他们是在越南中部的日南登岸，带着礼品象牙、犀角、玳瑁等抵洛进谒的。这标志着东西方两大帝国的外交关系正式建立，也意味着丝绸之路延伸到了欧洲，实现了真正意义上的贯通。

在班超等几代人的经营下，丝路重现繁华，起始涵盖的范围更大。如果说西汉时代的丝路政治氛围更浓，主要以贡史、军队往来为主，东汉时代随着生产力的发展，奔忙在丝路上的人除了使节和军人以外，又多了胡商群体，让这条路逐渐成为真正的商贸交易之路。

两汉时期，西域输入中原的主要是珠宝、胡粉、香料、牲畜及部分服饰和农产品，由于洛阳一带桑蚕、丝织业历史悠久，东汉王朝赏赐和胡商采购的大宗物品是丝绸。考古人员近年在洛阳东边巩义市河洛镇双槐树村发掘出“河洛古国”，在这距今5300年的遗迹中发现了中国最早的牙雕家蚕。这一与丝绸起源相关的实物资料，与《水经注·洛水》记载的“昔有莘氏女采桑于伊川，得婴儿于空桑中”，以及《诗经·卫风·氓》中的“抱布贸丝”相呼应，再次证实黄河中游地区的先民们在五千多年前就已开始养蚕缫丝，为中国农桑文明起源找到了确切的实物证据和时间节点。

胡风东渐

天文学家张衡在仰望星空的同时也时刻关注着身边的现实世界，他在《东京赋》中写道：“惠风广被，泽洎幽荒。北燮丁令，南谐越裳。西包大秦，东过乐浪。重舌之人九译，佥稽首而来王。”记录当时的洛阳常见边疆与外国人士，成为东西方往来交流的中心。经济往来必然伴随着文化的交流，思想、

洛阳博物馆展出东汉石辟邪（黄婕 摄）

学术、宗教等西方精神文明诸要素都随着丝路深入中原（佛教东传值得单独论述），开通西域不仅引进大量珍异动植物，还从意识上激发了诸多神奇想象。

在艺术方面，瑞兽、灵鸟图案等作品不断出现，例如1954年洛阳出土的一对东汉时期的石雕辟邪就洋溢着古代西方造型艺术的写实风格。石雕动物肩后有形如飞禽的双翼尤其引人注目，体态上充满了古亚述文明中“翼兽守护神”艺术作品的文化情调，带有西方文化特色，是当时中西方文化交流的典型例证。

路的意义就在于联通，带来各种新鲜事物的同时也带来各种变化。如同改革开放不久社会上曾经流行欧美、日韩风尚一样，东汉末中原也以洛阳为中心出现了一股胡化热潮，“灵帝好胡服、胡帐、胡床……，京都贵戚皆竞为之”。随着丝路深入中原的各种物质和文化要素，激起固有文化或深或浅、或广或狭的变化。这些变化复杂微妙，交融碰撞，在不知不觉中影响和推进着历史的进程。直至唐朝，王建的《凉州行》还感慨：“城头山鸡鸣角角，洛阳家家学胡乐。”

在西域经营30年的班超，因年老思土，以“不敢望到酒泉郡，但愿生入玉门关”上书乞归。终于在71岁病逝前一个月抵达洛阳，葬北邙。孟津至今还有名为班家沟的行政村，据说是班家后人聚居地。东汉王朝内部不稳，难以西顾，逐渐露出放弃管理西域之意，丝绸之路也随之断绝。班超幼子班勇继承父业，出任西域长史，再度大破北匈奴，重通西域，并写下《西域记》。班氏父子凭借个人超凡的能力，在几段时期内打通并保护了边塞与丝绸之路的畅通，使得中原地区在与周边异域的文化和商贸交流活动中，双方都获得繁荣与发展。特别是当年班超率三十六属下以使者身份入西域，未曾调动一次中央大军，将国情各异、形势复杂的西域三十六国全部收复，历时二十载。正所谓“不动中国，不烦戎士，得远夷之和，同异俗之心”，被封为定远侯当之无愧。

丝绸之路三绝三通的过程，是古代中国外交史上的丰碑。20世纪40年代，为配合整个东南亚抗战，中国远征军就是唱着以班超通西域为背景的军歌走出国门的。“君不见，班定远，绝域轻骑催战云。男儿应是重危行，岂让儒冠误此生？况乃国危若累卵，羽檄争驰无少停！弃我昔时笔，著我战时衿，一呼同志逾十万，高唱战歌齐从军。齐从军，净胡尘，誓扫倭奴不顾身。忍情轻断思家念，慷慨捧出报国心……”班超用智慧和胆略维护了华夏大国的尊严，他创造的历史奇迹沸腾了无数青年的热血，至今带给我们启迪。

来自丝路的佛光

丝绸之路，究竟是一条什么路？答案并不统一，准确说来，丝绸之路并不是一条具体的通道，而是连接中国腹地与欧洲诸地、横贯欧亚大陆的贸易交流交通网络，是一种古代的“全球化”。因此也很难指明它的准确起始和路径，因为这些都不是固定不变的。黄巾起义的爆发彻底注定了东汉王朝大厦将倾的衰局，驼铃商旅络绎不绝的丝路也经历几度兴废。

丝绸之路不是单一的交通路线，虽然因为时局而不时地暂时归于沉寂或者变换局部路线，但是文化交流之门一旦打通，就如同水乳在不知不觉中开始了交流融汇，再也不能完全中断。不同时期、不同地域、不同人群从各个角度看到的丝绸之路具有不同的路线和姿态，对古代中国来说，这条路在很大程度上也算是佛教之路。

“金人入梦”与“永平求法”

最早期的佛教很可能在西汉末期就经过西域的商队零星传播到中国。荷兰汉学家许理和曾经写过一本颇具影响力的书，名为《佛教征服中国》。很多人都觉得这个书名有点霸道和夸张，但据说这是译者和作者反复商讨后采用的。该书作者认为佛教深深地植入和影响了中国的方方面面，同为世界三大宗教的伊斯兰教和基督教在中国始终是暂时的、边缘的现象，而佛教尽管在其诞生地印度早已式微甚至断绝，却成为中国文化中的恒久力量。尽管这种叙述带有作者主观色彩，但佛教的传入对中国的巨大影响不容置疑。丝绸之路开通商路的同时，加速了思想的流通，佛教之光沿着丝绸之路进入中原，进而普照中国大地。洛阳，是见证佛教从“初入中国”到“其道大光”的地方。

佛教正式传入中国大约在东汉永平年间（各文献记载的具体年代略有出入，但大都集中在永平十年前后），被以一种梦幻的方式载入史册。汉明帝梦见一个周身金光闪闪的巨人，头顶发出一圈耀眼的光环，凌空而降，飞到他的宫殿里，默默注视着他。第二天上朝，明帝向身边大臣们讲述了这个梦境，想知道是怎么一回事儿。有人告诉他，这是遥远的天竺国的佛陀，于是明帝派遣蔡愔和秦景去天竺求佛经，史称“永平求法”，这是最早的西天取经，开启了中国人对佛教的追求和探索。

从洛阳到天竺，千山万水、长路迢迢，蔡愔和秦景利用张骞开辟的路线一直朝西，用了三年时间历尽艰难险阻，邀请到在大月氏国传教的天竺高僧摄摩腾、竺法兰到东土去讲佛，还用白马驮载来佛经、佛像，返回都城洛阳。汉明帝敕令修建白马寺，这是佛经传入中国后兴建的首座官办寺院，“祖庭”“释源”之称皆来源于此。

不应被遗忘的译经师

开拓者的意义是实现从零到一的跨越，摄摩腾和竺法兰是值得被我们记住的名字。他们作为佛教传入中国的先驱者，终生在洛阳白马寺翻译经典，弘法布教。现存中国第一部汉译佛典《四十二章经》就是在这里翻译出来的，两位高僧用尽毕生精力让白马寺成为当之无愧的中国第一译经道场。他们来到洛阳后就再也没有离开，死后也葬在白马寺，守护着自己用信念播下的种子，让其在这里生根发芽。

继摄摩腾与竺法兰后，丝路上又多了一类人——传道的行者。使者为了皇帝和王朝的利益奔走，士兵因为服从命令而移动，商人们精明地追逐利益，只有传道者为了心中深厚执着的信念而往来于丝绸之路，或弘扬佛法，或追寻真谛。不断来华的梵僧最初多在洛阳从事译经工作，据唐代释智升的《开元释教录》载，从明帝永平十年到献帝的一百多年中，共译出佛教经典二百九十二部、三百九十五卷。其中绝大多数经文都是在洛阳白马寺译出的，译经僧人多是安息、月氏人，以安世高和支娄迦谶最为著名①。

秋日灵山寺（郭慧军 摄）

安世高，原为安息太子，曾游历西域各国，通晓各国语言。东汉桓帝建和元年（147）前后来到洛阳，很快掌握了汉语。当时距离白马寺初建、最早的僧人摄摩腾、竺法兰来汉地传播佛教已一百多年，但普通人仍然不太了解佛教，多把佛教当成是一种神仙方术。安世高认为应当让人们了解佛教，于是萌发了译述佛经的宏愿。他致力于译经二十余年，共译出《安般守意经》《阴持入经》《四谛经》《八正道经》等三十多部，多为小乘禅数“阿毗昙”之学，是中国早期传译小乘思想的第一人。他对佛教的传播贡献卓著，是中国早期佛学流布的奠基者。

支娄迦谶（简称支谶），大月氏人，桓帝末年游化至洛阳，灵帝时译出经典十四部二十七卷，皆为大乘之学，以《道行般若经》《首楞严三昧经》和《般舟三昧经》最为重要。《道行般若经》乃中国般若系经典最早的译本，后来魏晋玄学兴起，般若思想能相应盛行，此经居启蒙之大功。《首楞严三昧经》和《般舟三昧经》是介绍大乘禅观的著作。其中，《般舟三昧经》又为阿弥陀佛信仰传入汉地的开始。支谶的译典，为后世大乘佛教发展奠定了坚实的

①学界关于佛教历史的时间、事件、评价等存在众多不统一、模糊之处，本章节不涉及宗教教义、思想等具体问题，只对已基本达到共识的佛教进入中国的历史做通识性叙述。相关内容主要参照任继愈．中国佛教史［M］北京：中国社会科学出版社，1985．等资料。

基础。

中国佛教初期的弘译以白马寺为中心，汉末这两大译师的作品实际上分别代表了印度佛教的两大系统，可以说中国一开始所接受的佛教便是兼具大小乘二系的佛教，这也成为中国佛教初传的特色。三国期间的魏甘露三年（258），龟兹人白延又在洛阳白马寺译出小乘部《除灾患经》一部和大乘部《无量清单净平等觉经》两部。

东汉丝绸之路的起点，同时也成了佛教由印度佛教在中土扎根、转化为汉传佛教的源头。在众多为了弘法布道，甘愿去国离乡的西域僧人的热忱努力下，佛教思潮从狭窄的小圈子流溢到广阔的世界中，在战乱频发、人命草芥的时代影响和慰藉越来越多的人。

中天竺（今印度）人昙河迦罗（其名有时意译为“法时”）于三国魏嘉平二年（250）来到洛阳，发现虽然当时信佛的人不少，但中土还没有正规的戒律，也没有戒度的仪式。僧人们主动请他翻译并规范佛教戒律，昙河迦罗乃在白马寺译成《僧祇戒心》（即《大众部戒律节要》），并建立戒坛，集众僧受戒，中国佛教具足戒度僧制度自此而始。

西行求经的和尚

当时正在洛阳的颍川人朱士行少年立志学佛，率先登坛受戒，成为我国历史上汉家沙门第一人。他出家后专心精研经典，在洛阳讲当时译本中最流行的《道行般若》。由于译本的文句简略，义理不全，有时前后无法贯通，常令他慨叹“此经大乘之要，而译理不尽”，因而立志去西域寻求原本，西天取经的猪八戒就是借了他的名字。

一介凡人的朱士行没有猪八戒的神通，却有无比坚定的决心，甘露五年（260）从雍州出关，踏上已经中断多时的丝绸之路。由于战乱，曾经在汉朝归附的西域诸国都变得反复无常，虽然有些国家还给曹魏进贡，但早已没有了敬畏，统属关系十分淡薄。一路上不仅有流沙、荒漠、高山阻隔，还有强盗、官匪骚扰、语言障碍、水土不服，等等，这是一条九死一生之路。

和最早奉皇帝敕命出发的永平求法团不同，朱士行的西行纯属自发行为，没有任何官方背景和依仗，只有一颗追寻高深正统佛法真谛的心支撑着他舍命前行。也许是汉家沙门第一人的使命感，也许是佛祖暗中的慈悲庇护，他终于到达于阗国。

于阗是大乘经典集中地，位于今新疆塔里木盆地南缘，距离洛阳有四千多公里。朱士行在此如愿求得《般若》的梵本共九十章，六十余万字，然而由于当时大乘佛教与小乘佛教的对立，朱士行不得不与小乘学人斗智斗勇，费尽周折才遣其徒弗如檀将《放光般若经》送回洛阳。此时是 282 年，距他离开中土已经二十多年了。朱士行自己继续留在于阗，直到八十岁病故异国，而他送回的大本《般若》译出之后，受到佛学界的重视，很多高僧都为之作注或讲解，引发两晋时代研究般若学的高潮。

朱士行沿着丝路西行求法的壮举，推动了佛教中国化的历程，全国各地佛教活动开始盛行，南北朝时期大江南北都信佛崇佛。北魏时仅洛阳城内外的佛教寺院就达五百所，山西大同云冈石窟、河南洛阳龙门石窟等也陆续开始开凿和营建。朱士行也以实际行动点燃了后世求法者的心灯，从此以后的丝绸之路，往来的僧人络绎不绝，尽管有不少求法失败、客死他乡的人，但崇高的使命感让他们主动选择这条路，成为因为信仰而舍生忘死的人。

佛教的文献总称三藏，“律”是其中之一。“律”是佛教生活最基本的原则，佛教僧人须依律而行。高僧法显效仿朱士行，为了从印度求取完备的戒律，于公元 399 年以花甲之年的岁数从长安出发，前后用了约 15 年的时间到过近三十个国家，不仅携带当时重要的三种戒律大量经律返回中土，而且对律典翻译的成果也很丰硕。

家喻户晓的神话小说《西游记》让唐玄奘成为去天竺取经人中最著名的那个，但是大家只记住了取经路上懦弱胆小、全凭徒弟救命的唐僧，却很少去了解真实的玄奘。玄奘是洛阳缑氏人，十三岁在洛阳净土寺出家研习佛法，他是怀着“宁向西天一步死，不向东土半步生”的决心踏上西行之路的。央视记录片《玄奘之路》这样评价他：“公元七世纪，一个大唐的僧人踏上了丝绸之路，他要前往遥远的西方寻求佛法。……十九年时间，一百一十个国家，五万里行程，在异国的土地上，他被奉为先知，在佛陀的故乡，他成为智慧的化身。由于他的缘故，大唐的声誉远播万里，就连他脚上的麻鞋，也被信徒供为圣物。然而他放弃了一切荣耀，依然返回故土。他翻译的佛经，达到了四十七部，一千三百三十五卷，这是一个前无古人、后无来者的成就。”

洛阳玄奘故里（常立新 摄）

在唐僧玄奘西天取经之前，不应被忽视的还有 522 年慧生（惠生）随宋云出使西域，518 年冬由洛阳出发，经陕西、甘肃过青海柴达木盆地，沿昆仑山北麓越帕米尔，从阿富汗到巴基斯坦白沙瓦一带，522 年带着大乘佛经一百七十部返回洛阳。

这些怀着坚定信仰的僧人不仅利用丝绸之路带回大量经书，还留下《佛国记》《宋云行纪》《大唐西域记》等在时间和内容上相连续的记载，为后世研究诸国古代历史、地理、宗教艺术及民情风俗等提供了珍贵的第一手资料。如《宋云行纪》记载他们一行人来到鄯善国更西边的末城（今策勒），留下“城傍花果似洛阳，惟土屋平头为异也”等文字，可以比较系统地了解西域以及阿富汗、巴基斯坦地区的政治经济、地理交通、风俗文化以及历史变化。

东来弘法的梵僧

与西行求法同样艰苦的是西域僧人来中国的路——这本是同一条路，一来一往，皆是信仰所致。灯火人家的温馨只是普通人的幸福，对于出家人来说，布道弘法才是人生意义，所以自丝绸之路形成之后，就不断有梵僧来到中国，其中西域龟兹（一说是天竺）僧人佛图澄的影响最大，留下了众多神秘故事。

佛图澄是晋怀帝永嘉四年（310）来到洛阳的，当时已是七十九岁高龄。他能诵经，善解文义，有非同寻常的见识与学识，吸引大量僧人、信徒、名士不远万里来听他讲经。与其他僧人不同的是，佛图澄不仅在民间弘法，还主动借助政治力量提高佛教的地位，据《高僧传》说“受业追游常有数百，前后门徒，几且一万，所历州郡兴立佛寺八百九十三所，弘法之盛，莫与先矣”，将佛教的影响力推至前所未有的高度。

另外，他似乎还有非凡的法力，位列“高僧传神异”之首，被称为“天下第一神僧”。佛图澄最初的目的是在洛阳建立寺院，可是正遇上刘曜攻陷洛阳，地方混乱，因而潜居草野，他寻找机会获得后赵君主石勒的信任。

当时五胡乱华、天下大乱，为什么佛图澄在各路豪强中偏偏选择了公认最残暴的羯族呢？通常认为是他悯念苍生，欲以佛法感化恶人，事实上佛图澄确实持之以恒地劝说石勒少行杀戮，拯救了大量人命。

白马寺僧人（李炜 摄）

除此之外，我认为这两个人物还有一个有趣的关联——“洛阳”。佛图澄来华的目的地就是洛阳，一直的心愿是“欲于洛阳立寺”。而十四岁的羯族少年石勒第一次来到洛阳是随同乡跋涉千里贩运货物。不知是否惊异于眼前的热闹街市，他倚着洛阳城的上东门发出奇特的长啸声，惊得路过的西晋大臣王衍对身边人说“向者胡雏，吾观其声，视有奇志，恐将为天下之患”（《晋书·载记·石勒》），但当他们飞奔过去抓人时，石勒已消失于人海。为此，“石勒东门啸”成了典故，李白在安禄山占领洛阳后还有诗云“双鹅飞洛阳，五马渡江徼。何意上东门，胡雏更长啸”（《经乱后将避地剡中留赠崔宣城》）。

也许洛阳作为一个隐秘的关键词，将两个人联系到一起。光初十一年（328）刘曜率兵攻打洛阳，石勒欲亲自率兵救援，朝廷内外的文武大臣都劝谏他不要率兵亲征。心意不定的石勒拜访佛图澄，得到了一句话：“相轮铃音云，军出捉得曜也。”意为相轮上的铃声说军队出征必擒刘曜。于是石勒亲自统率步兵和骑兵，直指洛阳，果然大败敌军、活捉刘曜。

洛阳一战成为转折点，石勒自此开始自称大赵天王、行皇帝之事。佛图澄的“隔空灭火”“以水洗肠”“借龙行水”等神奇事迹也广为流传，获得百姓的称颂与信服。莫高窟初唐第323窟北壁东侧中部，以全景式连环画形式描绘了佛图澄的故事。

佛缘汉语

作为一种外来宗教，佛教进入中国的过程中，首先要面对的就是语言问题。从汉朝开始的佛经翻译活动可以说是中国第一次大规模地与外来文化的对接，正是由于有了佛经作为媒介，佛教才能在中国古代掀起一种新的哲理思潮。从汉到唐，东西方僧人的频繁交流，让佛学渗透到了社会生活的各个方面，成为中国文化核心的一部分。语言上的冲击可能是佛教对中国影响最深刻却又最不易察觉之处。大量佛经中的词汇无法找到现成的汉语词汇来精准表达，中西方译经者们不得不创造新的词汇甚至汉字来应对，这在客观上丰富了汉语的表达，发音也更有韵味。时至今日，我们每天习以为常的大众用语中出自佛教用语的词汇表达之多很可能超出了你的想象。

前佛教协会会长赵朴初曾说：“现在许多人虽然否定佛教是中国文化的一部分，可是他们一张口说话，其实就包含着佛教成分。如果真要彻底摈弃佛教文化的话，恐怕他们连话都说不周全了。”仿佛为了证明此话不虚，他主持出版的《俗语佛源》选取了500多个常见佛教源头的汉语词汇。2015年出版的丁福保编《佛学大辞典》，转译自日本真宗大谷派的《织田佛学大辞典》，据说收录的佛教词语更是高达近三万条。

例如，《楞严经》中"世为迁流，界为方位"，"世"是指时间，界是指空间，"世界"即宇宙；《华严经》中"发菩提心，随其根性，教化成熟，乃至尽于未来劫海，广能利益一切众生"，"利益"意为顺佛法而获得恩惠及幸福；还有现在、如实、实际、真谛、单位、烦恼、刹那、相对……太多太多已经渗入日常生活中的词汇，几乎让人忽略了其佛教根源。

还有大量成语和俗语也出自佛教文化故事，如我们熟悉的"盲人摸象"出自《涅槃经》，"空中楼阁"出自《百喻经·三重楼喻》，等等。"女大十八变""无事不登三宝殿""菩萨心肠"等俚语也多与佛教有关联，这些佛缘词汇已深深植入中国文化，成为汉语无法分割的一部分。甚至汉语声调"四声"也是受转读佛经的启示而建立的，对于佛经的翻译工作更是带来了对于汉语音韵的研究，中国人逐渐发现了汉语音调，有人说正是因此才间接带来了此后唐诗的发展与注音法的出现。

因为中国史官向来有"实录"的优良传统，我们通常把正史记载看作史实。但事实上，正史中的很多记载是来源于佛经中的虚构故事，例如我们家喻户晓的曹冲称象，早就被陈寅恪等指出最早见载于《杂宝藏经》卷一《弃老国缘》，是一个印度民间的智慧故事。还有王戎识果、武后驯马等著名的史实，也被研究者认为是通过各种不同途径本土化的佛教故事。不少佛教虚构故事因种种原因被加在中国历史人物的身上，演变为本土故事并进入正史，如果不是眼光敏锐的学者揭示，几乎就彻底变成了历史。

佛教之所以蔓延到亚洲大陆的绝大部分地区，是由于它沿着通商大道传播，受到了经济文化交流大潮流的推动。随佛教来到洛阳的，还有佛像、佛寺、佛塔、壁画艺术，等等，印度的佛教艺术，经过中国本地民间工匠的吸收、融合和再创造，形成了更具中国特点的佛教艺术，出现了许多前所未有的艺术形式与建筑。尤其是北魏建都洛阳以后，佛教进入高速发展时期，不仅开始创造辉煌的龙门石窟艺术，佛教寺塔建筑也进入重要发展时期。在汉魏洛阳城中的永宁寺塔就是佛教建筑发展的一个经典之作，在中国古代佛教发展史、中西文化交流史和建筑史上都具有极高的地位。

总而言之，中国的佛教，从丝绸之路传来；中国的求法僧，通过丝绸之路前往印度求法；古老的丝绸之路曾经承载了无数佛教与文化交流的故事。无论你是否笃信佛教、是否研修佛法，在佛教经典被译成汉文并被传诵扩散的过程中，每个中国人实际上已经潜移默化地受到了佛法的熏陶。借着丝绸之路的力量，佛教文化已由最初的传入白马寺的微光，不断扩展壮大，终于与中国文化结合共生，如阳光般普照着中国人生活的每个角落。

异域来客

随着1949年新中国成立后的建设高潮，洛阳吸引了大批全国各地的人前来定居，因而被戏称为“移民城市”。其实所谓“洛阳人”从来都不是一个有局限性固定标准的称呼，在相当长的历史时期，洛阳如同磁石一般吸引着天下人从四面八方聚集过来，遭遇战乱时人们又被迫逃离这里涌向东南，于是各地多了一些“洛阳村”“洛阳镇”“洛阳桥”。丝绸之路的开通，让不少远道而来的异域客人也进入了古代“洛阳人”的行列，既有早期迁居洛阳的陆浑戎，也有公元67年最早来弘法却死葬白马寺西院的摄摩腾与竺法兰，还有舍弃自己民族、姓氏、语言，彻底成为“洛阳人”的鲜卑贵族们……

洛阳的丝路地位

两汉之后，丝路贸易与文化交流进一步扩大。经丝路传入中原内地的佛教由宫廷和上层社会逐渐传布民间，形成空前狂热的佛教崇拜之风。从三国至魏晋，尽管时局动荡，丝绸之路始终不曾断绝。例如《三国志》中记载当时敦煌管理形同虚设，一些豪强大户欺行霸市，“西域杂胡欲来贡献，而诸豪族多逆断绝；既与贸迁，欺诈侮易，多不得分明。胡常怨望”。对此，敦煌太守仓慈采取的重要举措之一就是“欲诣洛者，为封过所，欲从郡还者，官为平取，辄以府见物与共交市，使吏民护送道路"，即胡人有到洛阳去的，为他们办好沿路的文书，有要从郡城回西域老家的，官府按公平的价格收取他们的货物，用现成的东西同他们交易，让官吏百姓护送他们上路。

仓慈由此获得当地民众的交口称赞，以至于当大家听闻他的死讯，"图画其形，思其遗像"，西域诸胡甚至有人"以刀画面，以明血诚，又为立祠，遥共祠之"。《三国志·仓慈传》让我们看到一位感人的真正好官的同时，也间接得知，经过两汉张骞、班超的开拓，丝绸之路已然成型并在人们的心中扎下根来，东西方商贸、文化的往来交通成为不可阻挡的时代大势，即使在天下并不稳定的乱世之中，依然有人愿意不畏艰辛地跋涉其中。

随着北魏鲜卑皇室南迁洛阳，草原丝绸之路延至中原，之后与"万里茶道"相连，形成一条贯通南北的商贸大通道，东西方商贸经济活动日趋活跃。丝绸之路的繁荣发展带来文化和商贸交流，大量远道而来的各国商人们汇聚于此，让北魏洛阳城成为当时首屈一指的国际性商贸大都市。《洛阳伽蓝记》记载，北魏时"自葱岭已西，至于大秦，……乐中国土风因而宅者，不可胜数。是以附化之民，万有余家。……天下难得之货，咸悉在焉"。除了西郭城内有大市、东郭城内有小市等市肆作坊区，在城南还建有安置周边异域人员居住的里坊和居所——四夷里和四夷馆，以及他们从事商贸活动的场所——四通市。

隋炀帝以洛阳为中心，开通连接中国南北的水上动脉大运河。让洛阳既是连接陆上和海上丝绸之路的重要节点城市，也成为大运河与丝绸之路两大通道的唯一交汇点。通济渠上往来船只"常万余艘，填满河路"，洛河码头商贾云集，从这里出发，向西陆路通往西域诸国，向东则水运可通朝鲜、日本以及南洋诸国和西亚地区。

丝绸之路的具体线路、起始点、主要参与人群、贸易货品、交易方式等都不断变化，越来越多样化，本质核心却从没有改变，那就是交换、交流、交融，尽量用战争以外的和平方式，如等价交易、契约精神等手段实现各自的利益。自古天下之中、四方辐辏之地的洛阳，自始至终一直是在丝绸之路上具有至关重要地位的城市，不断有东往西去的、背负着各种希望和使命的人行走在丝绸之路上。在不同的历史时空，无数人沿着丝绸之路来到这里，有些人仅仅是经过，有些人作短暂停留，但也有人不顾山高路远，挈妻携子，永久地居留在这片土地上，为他们的子孙后代开创一个新的故乡。对于古代随着丝绸之路进入中国并定居下来的异域之客来说，的确，故乡是祖先漂泊迁徙的最后一站，也是自己人生的第一站。

石碑上的西域学子

太多异域来客因为寂寂无闻而被尘封于历史，只因偶然的契机才能为世人所知，比如 1931 年出土于洛阳东郊太学遗址的西晋辟雍碑。这块通高 3.32 米、宽 1.1 米的巨型石碑全称“大晋龙兴皇帝三临辟雍皇太子义再莅之德隆熙之颂碑”，刻于西晋咸宁四年（275），至今保存在汉魏故城的太学故址上。

碑文记载了晋武帝司马炎及皇太子司马衷在前后 4 年间，曾数次临辟雍巡视，考查学生“德行”“通艺”，并行赏鼓励的事迹，是研究西晋历史、社会、教育制度的重要资料。碑阴刻有行政官员太常、散骑、常待，教职人员博士、司业、主事、司成等，以及学中员如礼生、弟子、门人、散生、寄生等的郡籍及姓名，多至 400 余人。其中的“散生”，据古文献学家余嘉锡《晋辟雍碑考证》认为“考其籍贯，皆属于西海、敦煌、西平、金城四郡及西域人，四郡皆隶凉州刺史”。出身明确标明为西域的有朱乔尚建、王迈世光、瑰景大卿、瑰元君凯等，据河洛文化研究者徐金星考证，碑阴刻有关题名 400 余人，其中包括“散生”51 人。

据此碑文，当时的太学生从全国各地云集京师求学，“远方慕训，东越于海，西及流沙，并时集至，万有余人”。他们来自 15 个州 70 多个县，但大多数为北方、东北和西北人，西南、东南人数较少，可能是当时蜀地新平不久，吴地尚未平定之故。能在一万多名于太学求学的学子中脱颖而出，姓名被刻于石碑上，必然是有过人之处或者极优秀者。这四个西域出身的年轻人如何来到洛阳？他们生活是否习惯？学说汉语困难吗？怀着什么样的抱负在太学里学习呢？因为目前还没有进一步的史料，我们不得而知。

联系《晋书》记载的“泰始元年冬十二月丙寅，设坛于南郊，百僚在位及匈奴南单于四夷会者数万人”，可知当时西域诸国与洛阳往来频繁，域外人士甚至可以参加祭祀之类的大型活动。“四夷会者数万人”证实洛阳城里常有异域来客久居，表明当时西域与内地关系密切，时常互动，可惜那些远道而来的客人更具体的往事都随风逝去，曾经鲜活的故事已杳然无迹可寻了。

将军世家

洛阳最不缺乏的就是故事，比如安菩家上下三代的历史，就是由出土实物和史书记载共同拼出来的一个家族传奇。1981年洛阳市的龙门啤酒厂计划在龙门东山修建新厂，工人们对一处山壁进行爆破，“轰隆”巨响的浓烟散去后，人们惊奇地发现竟然炸出了一座颇具规模的古墓——这是唐朝的定远将军安菩的墓地。

洛阳古墓的数量惊人，长期以来也被盗墓者、文物贩子、不法商人等一双双贪婪的眼睛所觊觎。如果你亲自踏上过邙山平缓的丘陵，就会惊异于脚下黄色土地上总是伴随着深深的小圆洞，有些地方甚至密密麻麻、如同蜂窝。那都是盗墓者探墓用的盗洞，可见非法盗掘、黑市交易曾经猖獗到何种地步。洛阳地下古墓遭到重创，所谓“十室九空”也不夸张，文物破坏情况令人唏嘘。万幸的是终究还是有逃过盗墓魔掌的幸运者，安菩就是其中之一。他和妻子合葬在山清水秀的龙门山间，清净地安睡了一千多年，在被发现之前竟然完全没有被任何盗墓贼打扰过，保存相当完整。

古墓中的出土文物共129件，包括骆驼、马、镇墓兽、天王俑等，还有许多具有胡人特征的人俑，直接反映当时洛阳和丝绸之路的贸易十分繁荣。这些唐三彩体形之大、造型之美、釉色之亮丽皆为中国唐三彩艺术的精品。最具文献价值的是一块保存完好的正方形石质墓志，向世人表明这座墓的主人——大唐定远将军安菩的生平。

安菩来自西北边疆安息国（今乌兹别克斯坦），与曾在白马寺翻译佛经的安世高是同乡，为西域昭武九姓安国大首领的后裔。安息国是个夹在突厥和大唐之间的小国，由于突厥屡屡骚扰唐朝边疆，公元7世纪，唐王朝发动了平

从洛阳到河西走廊——丝绸之路文物精品展（视觉中国提供）

定突厥的战争，安菩的父亲率部下和百姓归顺唐朝，被朝廷敕封为五品定远将军。安菩随父沿丝绸之路来到中国，后来承袭了父亲的封号，在大唐帝国的定边征战中英勇善战，屡建战功。墓志中有“一以当千，独扫蜂飞之众”之句，让我们可以隔空遥想这位定远将军生前骁勇善战、率领军队纵横大漠的英姿。

安菩 64 岁卒于长安，多年后其夫人卒于洛阳。他们的儿子安金藏于公元 709 年建造墓地把父母合葬于龙门山中，并且给长眠的安菩摆成了左手握唐朝钱币、右手握东罗马金币[①] 的姿势，这既是安菩后人对源自粟特族属的纪念和追忆，也是他们融入汉族传统文化的独特方式吧。可见生活在唐代洛阳的异国客人及其后代，虽并未忘记故土，却已深受中土文化影响。最令人感动的是，安金藏“庐于墓侧，躬造石坟石塔，昼夜不息”。一个西域异国的后代，能为父母在洛阳选好风水宝地合葬，还要在墓旁盖间草房守墓，日夜不停地亲手建起石坟石塔为亲人祈福，如此深谙孝道，完全不输于中原传统的儒

①与此相似的另一枚拜占庭帝国金币也在洛阳衡山路北魏节闵帝墓出土，充分显示当时洛阳与西方交往频繁，为丝绸之路东方起点再添力证。目前两枚金币都藏于洛阳博物馆。

学世家。

或许是时运不济，或许是性格使然，安金藏并没有继任父亲定远将军的称号，而是发挥胡人特有的音乐天赋，曾任东都洛阳太常寺太乐署的乐工，在宫中执掌宗庙祭祀乐舞礼仪。当时武则天称帝，对太子李旦有强烈的戒备心理，严加防范他结交大臣，只允许安金藏等乐工和杂役侍奉左右。当武承嗣诬告李旦有图谋篡位的大罪时，其他人都避之不及，只有胡人安金藏关键时刻不惜引佩刀自剖其腹以力证李旦清白。安金藏虽然没有像父亲那样驰骋沙场，却有武将世家血脉相连的刚烈，令武则天闻之大惊，遣医人救治，李旦由是免难。

能为父母尽孝，长期服侍落难的太子，还在关键时刻舍命护主，可谓忠孝两全！李旦登基称帝，感念安金藏的忠义，将他提拔为右武卫中郎将，李隆基拜安金藏为右骁卫将军，新、旧《唐书》和《资治通鉴》等史书都记载了这个有情有义的域外人士的义举。近年洛阳博物馆策划的“唐定远将军安菩夫妇墓出土文物特展”在各地巡回展出，特别是在乌兹别克斯坦首都塔什干开展，让安息国人安菩将军及其家族梦回最早的故乡布哈拉。这个1300多年前来自中亚安息国安菩家族的传奇故事反映了西域人在丝绸之路上迁徙、汉化的史实。多少如他们一样的来自遥远国家的异域之客，沿着丝绸之路来到中原腹地洛阳安居，成为大唐百姓，其子孙后代也逐渐成为今日中华民族的一分子。

骆驼商旅

“无数铃声遥过碛，应驮白练到安西。”（张籍《凉州词》）骆驼作为沙漠之舟，是丝绸之路和东西方贸易的工具和象征，与洛阳这座位于中原腹地的城市有着不解之缘，铜驼大街、铜驼巷、三彩骆驼、铜驼暮雨……洛阳的文化元素中多有骆驼这种动物温顺的身影。

骆驼在干旱恶劣环境下的生存能力，以及善于长途跋涉的特殊本领，是沙漠地区必不可少的交通运输工具。洛阳人玄奘到天竺取经时对沙漠的描述是“四顾茫然，人鸟俱绝。夜则妖魑举火，烂若繁星；昼则惊风拥沙，散如时雨”

洛阳出土唐代安国相王李旦孺人墓壁画（吴迪提供）

(《大慈恩寺三藏法师传》)，如此诡异可怕的沙漠，若无耐饥耐渴、不畏风沙的骆驼，人类怎么可能穿越？可以说陆上丝绸之路是人与骆驼共同开拓出来的，而这条路也连接起了骆驼与洛阳的特殊缘分。

尽管大量骆驼沿着丝绸之路走进洛阳城，但比起繁华闹市，它们终究还是属于沙漠。所以当铜驼雕像被立于大道边上的时候，普通人只是看个新鲜，只有出身敦煌龙勒（今属甘肃省）的索靖看出常人看不到的东西，或许那是一种经历过“大漠孤烟直”的广袤才能体会的孤寂。索靖年少时就有“逸群之量”，看问题细致入微，一方面从西晋官僚争相夸富、政治腐败等社会现象预见到天下行将大乱，另一方面又深知自己无力改变这一局面，只能对着洛阳宫门外设置的铜驼叹息：“会见汝在荆棘中耳。”

我最初看到“铜驼荆棘”的典故时只知索靖在京城洛阳当官，那时只佩服他的远见。后来才知道这位来自敦煌的书法家才艺过人，在洛阳太学读书期间就与几位同乡被时人并称“敦煌五龙”。他人生顺遂，早早入洛且身居要职，太安二年（303），河间王司马颙等举兵进犯洛阳，索靖奉朝廷之命指挥军事，负责洛城安全。六十五岁的索靖不负众望，率领雍、秦、凉三州义军大破敌军，挽救了洛阳的危机，他本人却在这场战斗中身受重伤，最终不治去世。

了解这些之后，再听当年的那声叹息，便觉格外不同。敦煌人见到骆驼如同见到家乡老友，会分外亲切吧。车水马龙的热闹中，已经看透结局的索靖，落寞不只为铜驼、为自己，也为这座城市。早知道大厦将倾，仍然用生命去护住这座城，哪怕只能换得暂时的周全。明知不可为而为之的决心，也许是他在发出那声轻叹时已经下定的。

被索靖预言的铜驼，后来果然卧于荆棘中，再后来，随着战乱而不知所踪，但骆驼与洛阳的缘分未尽。隋唐洛阳城是当时世界上著名的文化和商贸中心，通过丝绸之路和大运河从四面八方而来的国内外客商云集洛阳，通商贸易、文化交流、人员往来日益繁盛，定鼎门是必经之路。

左图是 2005 年建设洛龙区翠云路时发现的唐人墓道中的壁画。胡人牵着驮丝绸的骆驼行进在路上，驼背上的五卷丝绸清晰可见。这些牵着骆驼来长安、洛阳的商人以中亚小国的胡商居多，有一种说法是他们最早为生活在河西走廊的月氏人，过着游牧生活，但建立了一座昭武城。汉初，匈奴破月氏，月氏人西迁进入中亚粟特地域（以撒马尔罕为中心的今锡尔河与阿姆河流域一带），形成若干城邦，其王均以昭武为姓氏。从南北朝到隋唐时期，不断有大量从中亚来到中原定居的人，这些人及其后裔多以康、史、安、曹、石、米、何等为姓，泛称昭武九姓。

《旧唐书・西戎传》对他们的描写很生动："其人皆深目高鼻，多须髯。丈夫翦发或辫发。其王冠氈帽，饰以金宝。妇人盘髻，幪以皂巾，饰以金花。人多嗜酒，好歌舞于道路。生子必以石蜜纳口中，明胶置掌内，欲其成长口常甘言，掌持钱如胶之黏物。俗习胡书。善商贾，争分铢之利。男子年二十，即远之旁国，来适中夏，利之所在，无所不到。"简直是那些出土的唐三彩胡俑形象的真实写照。

这些处在古丝绸之路上世代经商的人，在东西方文化交流方面起了重要

保留古代骆驼蹄印的定鼎门遗址博物馆

的媒介作用。斯坦因 1907 年在中国敦煌烽燧流沙中发现了“粟特文古信札”(Sogdian Ancient Letters)，表明在公元四世纪初，以撒马尔罕为都城的粟特九姓胡人，在 313 年前后纷纷移居至西域三十六国、河西走廊以及西晋的长安、洛阳。目前洛阳已出土的 40 余方粟特人墓志以及《大秦景教宣元至本经幢记》证实了从西域移居洛阳的粟特人的历史。

译经弘法的僧人，在太学求学的西域学子，贸易胡商、慕华归附的粟特人……这些长期在洛阳停留的异域之客只是古代普通在华外国人的缩影，他们借助丝绸之路主动投入了中华民族的大家庭，不仅成功融入汉文化，而且原有的宗教、习俗、语言等也受到尊重。有人认为今天回族人中有一部分是历史上的粟特人，也有人考证李白出生在中亚、白居易是龟兹人后裔、刘禹锡是匈奴后裔……如果确实如此，就更能证明当年这些远道而来的人们早已实现了由“客人”到“主人”的转变。

2009 年在隋唐洛阳城南区定鼎门遗址上建造的定鼎门遗址博物馆，保留了位于定鼎门遗址外侧的原始痕迹，包括 1000 多年前大量人的脚印、骆驼蹄印和车辙印迹。丝路的繁华热闹，正是这些耐得住劳苦和寂寞的人与骆驼们一步一步用脚走出来的。这些痕迹中的骆驼蹄印，与洛阳出土的色彩绚丽、神态各异的胡俑和骆驼形成呼应，用铁一般的事实印证了西域与中原的密切往来，也再现了隋唐洛阳城定鼎门外的车马繁忙。定鼎门遗址作为能够集中体现河南丝绸之路历史价值的代表性遗存，已被列入世界文化遗产。

使者的使命

丝绸之路开通的最原始的动力是消弭军事威胁，谋求和平，而将这一目标达成现实是需要具体的人来完成的——受命而出的人就是使者。正如丝绸之路沿途不都是旖旎风光一样，丝路的历史上有些时候的交流交融是伴随冲突与对抗完成的。张骞、苏武、班超、甘英等优秀使节，证明了所谓中国农耕文明保守狭隘、只会封闭安居之说纯属谬论，自古以来中华民族从不缺少探索开拓精神。

洛阳虽然地处伊洛盆地中心、华夏腹地，却前仆后继地涌现出众多能够开疆拓土、安边定远的人物。除了至今仍长眠在洛阳地下的“定远侯”班超，“定远将军”安菩，还有一个不可或缺的人物——大唐天竺使洛阳人王玄策。清人赵翼在《廿二史札记》中说“奉使者亦皆有胆决策略，往往以单车使者，斩名王、定属国于万里之外”。这个评价虽是针对“汉使立功绝域”说的，但放在唐使王玄策身上是再适合不过了。

雷霆手段

奉使者皆非常之才，往往是那个时代最有见识、认知范围最广的人。与前两位相比，尽管王玄策没有被封“定远”的称号，但这两个字于他也实至名归，因为他是当时世上把大唐国威立于最遥远边界的人。

因王玄策没有在史书上被单独立传，这个名字不太为人所知，但他在中国西域外交史上的传奇与功绩却震古烁今，与西天取经的玄奘相比也是毫不逊色的。有趣的是，这两个同一时代、同一方洛阳水土养大的人，同样以西域的天竺为目的地来回奔走在西行的路上，连那个“玄”字都一样，仿佛暗示着一种宿命。

玄奘自幼澄明聪慧、超然世外，一生锲而不舍地追寻高深正统的佛法真谛，如莲花般内敛而坚毅。玄策则截然不同，他热烈奔放地投入被出家人看淡的滚滚红尘中，跻身仕途，做融州黄水县令这样普通而琐碎的地方小吏，和千千万万平凡人一样，有滋有味地过着凡俗的人生。

贞观十七年（643），王玄策奉命护送摩揭陀王使者还国，出使天竺。那时玄奘已辗转到达西域多年，在中天竺摩揭陀国王舍城、当时的佛教中心那烂陀寺已学有所成、颇具盛名。正是因为玄奘在天竺的无遮大会上精彩的佛学辩论，引起当时天竺统治者戒日王的兴趣，促成了婆罗门使者出使大唐。这是历史上中印之间建立的第一次官方联系，而在此之前“诸国多有至者，唯天竺不通，帝以为恨”（《旧唐书·西戎传》）。随后唐朝也派遣使团出使印度，其中便有王玄策。有些人的天才注定需要等到特殊的时机才得以展现，王玄策第一次出使就显示出卓越的才干，协助开辟了丝绸之路从西藏通往天竺新路线——蕃尼古道，这条道路与唐蕃古道相连，成为唐代中国与印度间的一条捷径。

贞观十九年（645），玄奘历尽千辛万苦，带着佛经返回中土，恰逢李世民在东都，得以在家乡洛阳被皇帝召见。李世民拒绝了他想留在河南的想法，安排他到长安翻译经文。贞观二十二年（648），王玄策也再次踏上出使天竺之路，使命一是继续与天竺诸国保持友好沟通，二是拜会吐蕃王松赞干布和进藏和亲的文成公主。

作为大唐的官方使节团奉敕出行，比起玄奘私自出关、风餐露宿自然要顺畅很多，然而官方身份是一种考验，带来便利的同时也意味着责任和风险。使团一路艰辛，到达中天竺时却遇上国王新亡、内部分裂。战乱中篡位的阿罗顺那成为中天竺的新国王，或许因为心虚，或许是为新政权立威，阿罗顺那竟然派人伏击大唐使节团，并抢掠其他诸国的贡物。大唐使团除王玄策和副使蒋师仁侥幸逃脱外，其他成员全部遇难。

“天子按剑怒，使者遥相望”（鲍照《自蓟北门行》），使节代表的是国家王朝，第一要务就是维护本国尊严不容践踏。突如其来的浩劫让整个中天竺国成了敌人！政局复杂的异国处处是危机，作为使者，要考虑的不仅是自己的人身安危，更重要的是重振大唐声威。尽管只有一名部下、单枪匹马，王玄策仍然当机立断选择了复仇——血债血偿、重振大唐国威，坚定而犀利。

虽然下了必死的决心，王玄策却没有莽撞地直接去拼命，而是效仿另一位洛阳前辈苏秦的合纵连横之术，充分发挥外交家特有的口才与智谋，先以吐蕃王松赞干布的名义与尼泊尔王谈判，向吐蕃的邻国尼泊尔借得7000骑兵，同时檄召附近各个大唐藩属国，说服吐蕃派来1200骑兵。王玄策自命为兵马总管，带着仅有的一名部下，率领拼凑起来的外国人队伍立誓要扫平中天竺这个国家。

母国太远，王玄策充分发挥外交手段争取到周边国家的最大支持，又以卓越的军事才能，在茶博和罗城外作战三天，以少胜多，一举击溃天竺军队，斩杀天竺兵将三千，落水溺亡者过万，俘虏一万一千人，阿罗顺那狼狈逃亡。王玄策当然不会放过他，趁全胜之势追击，势如破竹，终于指挥蒋师仁活捉了这个罪魁祸首。后来又剿灭了负隅抵抗的残部，俘获大量俘虏，直到五百八十座城邑全部投降。贞观二十二年（648）五月，王玄策把俘获的阿罗那顺及战利品等送到长安。以一人之力借兵消灭一个国家，这样前所未有的奇迹令西域诸国见识到大唐的实力与威望，纷纷表示臣服，主动纳贡以示友好。

还在长安译经的玄奘，看到自己曾经徜徉佛海、学习深造的中天竺几乎被王玄策荡平，不知做何感想。历史没有记载这两个曾经同一时段、近距离活动的同乡是否有过交集，彼此怎么评价。人生天地间，各自有禀赋，每个人与生俱来的使命也不同。僧人可以不分国界、慈悲看待万物苍生，而使者需要对外树立“明犯我强汉者，虽远必诛”的威严。战争总是生灵涂炭，王玄策以牙还牙的做法有铁血残酷的一面，在你死我活的非常时刻却也是不可避免的必要手段。

菩萨心肠

王玄策不是斩断尘缘的出家人，他有血有肉，爱恨都体现在行动上。作为外交官，除了特殊时候不得不采取雷霆手段外，更多时候体现的是菩萨心肠。

见证一人“灭”一国的奇迹之后，天竺诸国都积极遣使入唐，大唐与这些国家继续保持了友好关系。显庆二年（657）王玄策继续作为大唐使节往西国“送佛袈裟”，将一片佛顶骨迎回国内，算是一次国际佛教交流活动。一般认为，王玄策前后共三次出使天竺，也有学者考察出还有第四次出使[①]。无论如何，他的足迹遍及印度各地，也同玄奘一样带回大量经卷，使团还摹写“西国瑞像”带回中土。近年来在敦煌、四川等地均有与之相关的考古发现。王玄策把带回的“弥勒菩萨新样”供塑于洛阳的皇家寺院敬爱寺中，为印度佛教艺术传入中国起到了推动作用。

也许是受家乡龙门造像碑刻之风的影响，王玄策出使天竺期间曾多次勒碑。史书关于王玄策的记载不多，关于他的洛阳人籍贯，还是通过《大唐西域求法高僧传》的线索“智弘律师者，洛阳人也，即聘西域大使王玄策之侄也”辗转确定的。但通过新发现和出土的历史实物提供的信息，这位人物的惊世传奇穿越时间的迷雾，逐渐丰满起来——他时而是善于利用形式、能言善辩的外交官，时而是指挥千军万马、浴血沙场的将军，时而又是虔诚的佛教信仰者。

例如唐高宗年间的《法苑珠林》一书收录了当年使团游历印度时候留下的石刻碑铭，其中一篇有这样的内容：“至十九年正月二十七日至王舍城。遂登耆阇崛山。流目纵观，傍眺罔极。自佛灭度千有余年，圣迹遗基俨然具在，一行一坐皆有塔记。自惟器识边鄙，忽得躬睹灵迹，一悲一喜不能裁抑。因铭其山，用传不朽。欲使大唐皇帝与日月而长明，佛法弘宣共此山而同固。”说的是他贞观十九年（645）见到佛教圣迹时激动的心情。数年后在天竺大开杀戒的复仇将军，此时还只是一位内心柔软而虔诚的使者，作为朝廷命官既为本朝皇帝祈福，也发自内心地祈祷佛法永固。

---

①季羡林、陆庆夫、孙修身等学者认为之后还有一次短暂的出使经历。

1990 年在今西藏的中国和尼泊尔边境的马拉山口发现由王玄策使团在唐显庆年间刻写的碑铭《大唐天竺使之铭》，这是迄今为止在中国境内发现的有关王玄策使团出使印度唯一遗存下来的考古证据，比举世闻名的“唐蕃会盟碑”还要早 160 多年，提供了有关王玄策使团的许多重要线索。

龙门宾阳南洞主佛左下方王玄策造像题记（转载自洛阳网）

洛阳龙门文物保管所在宾阳南洞西壁左下角发现了王玄策造像和题记，被龙门石窟宾阳三洞这尊大佛的阴影笼罩着，不为人注意。洞内西壁北侧下凿有一弥勒像龛，可惜石龛内的造像已毁，其造像记曰：“王玄策……下及法界众生，敬造弥勒像一铺。麟德二年（665）九月十五日。”这个时期龙门、巩义石窟中所出现的优填王造像，以及敦煌莫高窟第 98、237 诸窟中所表现的尼泊尔阿耆泼尔水火池故事画等均与王玄策出使印度有关，他对于唐代佛教美术中外域题材的引进、推广与传播产生过重要影响。

玄奘取经归来著有《大唐西域记》，王玄策出使西域后撰写了共 10 卷的《中天竺国行记》，该书虽然不传，但在《旧唐书・经籍志》《新唐书・艺文志》中均有著录，《历代名画记》载其有文 10 卷、图 3 卷。一般认为，“佛足迹图”和“瑞像图”等新的佛教题材在唐和东亚地区流行，与王玄策的出使有密切关系。霍巍考证认为，近年来我国唐代“佛足迹”遗迹和在日本药师寺遗存下来的佛足迹石，可能分别是由唐玄奘和王玄策由印度拓回的，这珍贵的佛教遗珍成为玄奘与玄策的一个交集。

玄奘与王玄策都是那个时代了不起的人物，可是如今玄奘家喻户晓，玄策却少有人知。连日本作家田中芳树都觉得，中国古典名著《西游记》中玄奘法师西天取经的夺目光彩淹没了与之同时代的王玄策，他担心在没有任何宣传的情况下，这位英雄最终会为世人所遗忘，所以特意写出以王玄策的冒险为题材的小说《天竺热风录》，想象当年王玄策是以中国传统阵型“火牛阵”大破天竺高大威猛的象阵而一战成名的。

惠及生活

使者的作用是沟通，即使他们是带着某种政治使命行动的，但只要沟通，必然带来文化、技术的交流。早有人指出，丝绸之路的核心内涵不在丝也不在路，其功效是连接。这条路让万里之外的不同地方产生千丝万缕的关联，通过人员的互动，为彼此带来异域山川的清新风尚。

王玄策的出使，掀起了中国和印度、黄河与恒河两大文明的交流之风。看似来无影去无踪的风，吹进千门万户时却总是裹挟着一些种子，让彼此的社会文化生活在悄无声息中发生巨变。事实上，王玄策使团除了安定天竺的战乱以外，另一大功勋就是将砂糖的制造技术带入了中国。

糖的甜味带给人幸福的感觉，但唐代之前，中国还没有真正掌握制糖技术，只能通过曝晒甘蔗汁获取糖浆或者从粮食、水果的发酵中尝到甜味。印度的糖在汉代经由丝绸之路传入中国后，在文献中被称为“石蜜”或“西国石蜜”，只有帝王和贵族才能享用。季羡林先生有一篇《糖史》，详细考据了中国古代各个时间糖的制作方法，他提到“糖”这个字在西欧各国的语言中都来自同一个梵文字 sarkarā，这说明糖的原产地是印度。

《唐会要・杂录》记载“西蕃胡国出石蜜，中国贵之，太宗遣使至摩伽陀国取其法，令扬州煎蔗之汁，于中厨自造焉，色味逾于西域所出者”，讲的就是贞观二十一年王玄策使团从印度带回制糖法的事。使团带回了善于制糖的工匠授制糖之法，从而使得印度的制糖法迅速在中国普及运用，制造出来的糖，颜色和风味很快就超过了原产地，甜蜜的滋味终于有机会逐渐进入中国的寻常百姓家。

幻术是古代对魔术、戏法的称呼，这个今天依然被喜闻乐见的文艺表演也是在唐代传到中国的。美国汉学家薛爱华在《撒马尔罕的金桃——唐代舶来品研究》中指出“幻人、走绳技、柔软技、吞火者以及侏儒技等各种各样的艺人表演都称为‘散乐’，许多散乐艺人都是从突厥斯坦和印度进入唐朝各地的城市中”。这一路径正是王玄策开辟的，唐时幻术由王玄策使团经由“蕃尼古道”传入中国。

很多时候，国与国之间互派使者、互通有无，其意义不仅在于解决当时一时一事的问题，还极有可能对后世产生绵延不绝的影响。王玄策出使往返都经过泥婆罗国（今尼泊尔、印度一带），受到其国王那陵提婆的热情接待，《新唐书·西域传上》记载：“（647年，泥婆罗）遣使入献波棱、酢菜、浑提葱。”虽然只有短短一行字，但当你明白那几个名词分别代表什么的时候，也许会像我一样突然感受到这一行字的分量，内心再也无法平静——波棱是菠菜，酢菜是芥菜的变种，即榨菜；浑提葱是洋葱的别名。当年王玄策的使团不只是为帝王将相服务的，也是普通人餐桌的功臣啊！

通向未来之路

古代中国并没有“丝绸之路”的概念，所以人们说丝路之学是一门“倒叙”的学问，先有故事，后有命名。中国本土汉代以来表述东西方交往最喜欢用的词是“通西域”。一个“通”字，藏着丝绸之路的精髓——异质文明的交流体现人类寻求发展的本性，是驱动社会进步的力量。今天，丝绸之路作为一个广泛的概念，可以代表中国与西方所有政治、经济、文化往来通道的统称。如果非要追寻丝绸之路具体路线的话，2006 年 8 月“丝绸之路跨国联合申报世界文化遗产国际协商会议”将丝绸之路（中国段）的起止时间和主要路线确定为始于汉代，止于清朝末期；主要线路分三条，从汉代东西两京（洛阳、长安）出发，向西经河西走廊、敦煌，在新疆境内分南、北、中三道，最终从新疆阿力麻里（今伊犁）和喀什噶尔（喀什）通向中亚。事实上，这只是中西往来陆路部分的代表性路线。丝绸之路并非一成不变的固定路线，而是一条顺应时代潮流、不断进化的路。

海上瓷器之路

陆地丝绸之路是中国与西方交流的最古老的通道，在漫长的时代中，因具有开拓性而意义非凡。缺点是沿途自然条件艰险，缺乏安全保障，而且主要工具是马和骆驼，负载有限。所以当航海技术发展起来以后，海路在中西交通

泉州洛阳镇的洛阳桥（视觉中国提供）

中所起的作用越来越重要。海上丝绸之路雏形在秦汉时期便已存在，1913 年由法国的东方学家沙畹首次提及，特别是唐代安史之乱的战火阻断了陆上丝路，海上丝绸之路迅速兴起，替代陆地丝绸之路成为东西方经济文化交流的最重要载体。

单从成本来看，海上运输的效益也要比陆运好得多，并且随着中国南北方生产力格局的变化，唐朝后期的主要出口物资，如丝绸、瓷器、茶叶、日用品等大多都产自南方和沿海，从那里直接出口到阿拉伯、欧洲更为便利，所以宋代以后是海上丝绸之路的黄金时代。从广州、泉州、宁波、扬州、登州等，可以到朝鲜半岛、日本列岛、琉球，还有东南亚、阿拉伯半岛、南亚等地，这些航线都可以泛指为海上丝绸之路。为了使木船保持稳定，需要在舱底下放置重物，当阿拉伯商人发现可以用大量瓷器代替原本常用的石头和水时，丝绸之路开始变成瓷器之路。

巧合的是，被称为海上丝绸之路起点之一的泉州入海口，横卧着一座洛阳桥。这片江水也名洛阳江，是当年西晋南渡人士为了纪念故土古都而命名的。这座建于北宋的桥是中国第一座跨海梁式石构桥，当时泉州已成为中国重要的对外贸易港口，洛阳桥的建成，大大促进了海上贸易的发展。

海上求法之路

洛阳虽然是一座内陆城市，但作为东汉、三国魏、西晋、北魏、隋、唐、后梁、后晋的首都，北宋的陪都，长期是我国政治、经济、文化、交通的中心，也是隋、唐、北宋时期大运河的中心，从最早期海上丝绸之路形成开始，就与海上丝绸之路有密切关联。

在洛阳与海上丝绸之路的往事中，涉及不少人，比较著名的有东汉时大秦第一次遣使来朝，使者走的就是海上丝绸之路。南北朝时中国禅宗初祖达摩“远涉山海，游化汉魏”，也是由天竺渡海来到中国的，《洛阳伽蓝记》还记载了达摩在洛阳望见“金盘炫日，光照云表，宝铎含风，响出天外”的永宁寺塔时“歌咏赞叹”。

还有高僧义净，往返于海上求法，在海上丝绸之路史中具有重要地位。据《宋高僧传》记载，他是山东人，十五岁就“仰法显之雅操，慕玄奘之高风”，立志游访西域。唐高宗咸亨二年（671），三十七岁的义净，由番禺（今广州）出发，途径今天的印度尼西亚苏门答腊、马来西亚等地，到达中天竺（印度）。一路上游学弘法，用了二十五年经过三十多个国家，终于在武周证圣元年（695）到达神都洛阳。

义净带回梵本经律论佛籍近四百部，合五十万颂，以及金刚座真容一铺，舍利三百粒，武则天亲迎于上东门，各寺院僧众“具旛盖歌乐前导”。敕于佛授记寺安置，与于阗僧实叉难陀等共译《华严经》（八十卷本）。自义净返国后，在洛阳大约住了九年多。先后在洛阳大福先寺、长安西明寺等译出《金光明最胜王经》等共二十部。武则天亲撰《圣教序》，标于经首。唐中宗神龙元年（705），在洛阳大福先寺等地译出《孔雀王经》《胜光天子》等，唐中宗亲撰《大唐龙兴三藏圣教序》，又亲御洛城西门，向文武百官宣示新译之经。唐玄宗先天二年（713）正月，这位被称为“传度经律，与奘师（玄奘）抗衡”的高僧圆寂，其灵塔建于“洛京龙门北之高冈”。

宋元时期是海上丝绸之路的鼎盛时期，从近年来不断发现、打捞的沉船可见，当时贸易往来的规模与繁盛。然而鸦片战争后，中国海权丧失，沿海口岸被迫开放，成为西方倾销商品的市场，掠夺中国资源和垄断中国丝、瓷、茶等商品的出口贸易，不平等的交易造成海上丝路一蹶不振，进入了衰落期。

洛阳再启航

新中国成立以后，经济复苏，丝绸之路的意义重新受到重视，陆上和海上丝绸之路都开始恢复繁忙。不同文化的交流碰撞，推动了世界的进步和发展，国际化视野的开放交流也因此成为世界发展的思想共识。当下，中国正在倡导的共建“丝绸之路经济带”和“21世纪海上丝绸之路”，既是古代丝绸之路的延伸，又是前所未有的创新之路。

那些强调是张骞开通了西域之路，或者争论丝路唯一起点的人，或许并没有真正理解“丝绸之路”的本质含义——“丝绸”只是一个代表与象征，“路”也有无数条，文化和贸易的交流与交换才是丝绸之路的真正内核，丝绸之路的形成意味着中国与西域世界形成持续稳定、有规模的交流与交换。不断被时代提供新环境、赋予新内涵的“丝绸之路”，形式在变，本质却没有改变。归根结底，就是积极发展与沿线国家的经济伙伴关系，互惠互利。目前国家的“一带一路”建设已经取得了显著成效，作为新亚欧大陆桥经济走廊的重要节点城市，洛阳再次迎来重铸城市辉煌的新机遇。

随着国家“一带一路”倡议的大力推进，习近平总书记提出“希望河南建成连通境内外、辐射东中西的物流通道枢纽，为丝绸之路经济带建设多作贡献”。洛阳已先后与40多个国家和地区建立了投资合作关系，2019年一季度，洛阳市对“丝绸之路经济带”和“21世纪海上丝绸之路”沿线国家进出口值达14.6亿元，同比增长23.1%。并且“洛阳制造”开始布局丝绸之路沿线，洛阳中俄科技园、中意研究院等对外合作项目先后落地；中信重工收购了西班牙甘达拉公司100%股权，中硅高科、阿特斯公司生产的太阳能组件等光伏产品出口到欧盟；由中国石化洛阳分公司承担开工重任的哈萨克斯坦阿特劳炼油厂芳烃项目CCR苯抽提装置顺利生产出高纯度苯产品，填补了哈萨克斯坦苯

产品生产的空白……[1]

洛阳隋唐大运河文化博物馆（刘冰 摄）

在此之前的漫长时代中，以洛阳为代表的中原已经和西域有了诸多交往交流，洛阳的相关古代文献与出土实物互为印证，留下了古代丝路东西交通往来的精彩故事，如今洛阳文化的影响力，也同样通过这条路向外推进。2015 年 3 月，有“钟表界奥斯卡”之称的巴塞尔钟表展在瑞士举行。用洛阳三彩做表盘、甲骨文做刻度、融合多种丝绸之路元素的“三彩甲骨文”艺术腕表受到瞩目。该作品的作者郭爱和创作的洛阳三彩《寻梦丝路》，用独特的审美视角将中西方经典文化艺术符号贯穿丝路起点洛阳和罗马，不仅在国内屡获大奖，还被希腊亚洲艺术博物馆永久收藏，在国际上掀起一股洛阳三彩的艺术风。

近年来洛阳致力于城市发展的同时，正在以更积极的态度向国际世界展示自我。道路宽幅 65 米的 310 国道被命名为“丝路大道”，将北延至机场路；北郊机场将作为交通综合枢纽与城市轨道交通、城际线、市政道路等重要交通要素接驳；体现不同国家和地区的经贸、文化交流的洛阳隋唐大运河文化博物馆已于 2022 年 5 月对外开放，以“世界的丝路、洛阳的宏篇”为主题的洛阳丝绸之路博物馆也在规划当中。特别值得一提的是，洛阳获得世界客属恳亲大会主办权，将于 2024 年主办世界客属第 33 届恳亲大会。“中原有旧族，迁徙名客家”，在洛阳举办具有国际影响力的华人盛会，意义格外重大。

疫情结束以来，洛阳迅速成为全国汉服爱好者的打卡圣地，穿着汉服的

①李宗宽、田宜龙．洛阳发布对“一带一路”沿线国家贸易成绩单，河南日报（2019-05-06）https://baijiahao.baidu.com/s?id=1632765572400811589&wfr=spider&for=pc

身影出现在大街小巷，与城市氛围和周边环境无比和谐。民族的也是世界的，这座华夏最古老的城市，面对世界的时候显得越来越自信与笃定。

总之，古老的洛阳、古老的丝路，历史基因正焕发出崭新的时代精神，与现代生活深度融合可以产生无数种可适性与当代性，从而推动文明的创造性转化和创新性发展，为跨越式发展注入新的活力，古城与丝路都将再次闪耀世界！

小结

佛教、建筑、语言、艺术、食物……这一切都交汇在洛阳与丝路的交集上，一切都如此自然。回顾这些往事，让我们对一座城市与丝绸之路的文明纽带关系有一种更为直观的认识。走进厨房，看看砂糖、蔬菜这些餐桌上必不可少之物，突然有些感动。多少我们已经习以为常的东西原本在千里之外，也并非现在的模样。它们都不是凭空出现在这里、理所当然地供人们享用的，而是一步一个脚印的艰难跋涉、一分一秒的时间积淀、多少人共同努力的成果。《朱子家训》的名句“一粥一饭，当思来之不易；一丝一缕，恒念物力维艰”常被写成对联挂在墙上，教导人们要节俭。但节俭仅仅是为了省钱的话，格局未免就小了。

古代丝绸之路绵亘万里，延续千年，之所以能够跨越时空、超越国界、富有永恒魅力，在于往返之间的给予和获得。我们收获了那么多，给出去的也绝不止丝绸，还有茶叶、瓷器、四大发明、儒家与道家的思想……用我们先进的、对方需要的，交换对方擅长的、我们缺乏的。无论时代如果变化，科学如何发展，输出与接纳总会交错进行，互惠互利这个朴素的原理不会改变。述往思来，当代共建“一带一路”的伟大构想，“和平合作、开放包容、互学互鉴、互利共赢”是对古代丝路精神的回应。

新时代的丝绸之路，新时代的洛阳城，未来皆可期！

洛阳大事记

（参照洛阳市志、苏健《洛阳古都史》等资料）

远古时代

30 万年前的旧石器时代已有先民在河洛地区繁衍生息，孙旗屯、王湾、矬李等聚落遗址表明新石器时代黄河中游两岸及伊、洛、瀍、涧等河流周边分布着许多氏族部落。

夏

公元前 21 至前 16 世纪的夏朝中，太康、仲康、帝桀等曾以斟鄩为都，考古证据表明今洛阳偃师发现的二里头遗址极有可能是夏都斟鄩。

商

公元前 16 至 11 世纪的商朝中，商汤、盘庚等数代帝王曾以西亳为都。考古证据表明西亳有可能是今洛阳偃师二里头遗址东北约 6 千米的偃师商城遗址。

周

公元前 1046 年西周代殷后不久即开始营建洛邑。前 770 年周平王东迁洛邑，是为东周。前后历经 500 余年，前 249 年秦灭东周。

秦

公元前 249 年秦庄襄王在洛阳置三川郡，治成周城，封吕不韦为文信侯，食河南、洛阳十万户。前 206 年项羽封申阳为河南王，居洛阳。

西汉

公元前 202 年汉高祖建汉，田横至尸乡（偃师）自杀。汉初都洛阳，后迁长安，改三川郡为河南郡，治洛阳。前 154 年周亚夫抵洛平“七国之乱”。王莽篡汉，公元 12 年改洛阳为宜阳，以洛阳为新朝东都。

东汉

25 年汉光武定都洛阳，改洛阳为雒阳。57 年倭奴国奉贡朝贺，105 年蔡伦改进造纸术，132 年张衡发明地动仪，175 年蔡邕书熹平石经立于太学。191 年董卓焚洛阳。

魏晋

220 年魏文帝定都洛阳，变雒阳为洛阳，设司隶校尉部。238 年倭女王遣使至京奉献。250 年司马懿兵变诛曹爽，260 年曹髦被弑。265 年西晋代魏，仍以洛阳为都。290 年八王之乱，307 年永嘉之乱。328 年石勒与刘曜在洛阳激战胜出，定洛阳为后赵南都。

北魏

436 年北魏在洛阳置洛州。494 年孝文帝迁都洛阳，496 年实行汉化政策。528 年尔朱荣之乱，531 年高欢攻陷洛阳。

隋

581 年在洛阳置东京尚书省。605 年隋炀帝营建东都并迁都洛阳。607 年倭国小野妹子至东都。619 年王世充称帝，以洛阳为郑国。621 年李世民攻克洛阳。

唐

631年唐太宗修洛阳宫。657年唐高宗徙居洛阳，置东都。684年武则天改东都为神都，690年称帝。705年唐中宗复位。717年唐玄宗巡居东京，718年接见日本遣唐使。756年安禄山据洛阳称大燕皇帝。904年唐昭宗迁都洛阳。

五代

907年唐室亡祚，后梁、后唐、后晋、后汉、后周五代中，后梁、后唐、后晋均曾都洛阳，后汉、后周以洛阳为陪都。

宋

宋以洛阳为西京，置河南府，朝廷设国子监于洛阳，名臣遗老和文人学士多会于此。975年宋太祖巡查洛阳，1084年司马光编《资治通鉴》成书于洛阳。

金

1126年金兵攻陷洛阳，1217年定洛阳为中京，设金昌府，在隋唐城东北角另筑新城。

元

1233年元军攻陷洛阳，降为河南府治。

明

1391年建伊王府，1591年建福王府。1620年改洛阳为雒阳。1641年李自成攻克洛阳。

清

洛阳仍为河南府治，1900年八国联军侵华，慈禧太后、光绪帝出逃西安，驻跸洛阳。

民国

1923 年河南省长公署由开封迁洛阳。1932 年国民党政府定洛阳为行都，并适洛办公。七七事变后洛阳成为北方抗日前哨，1945 年 5 月沦陷。日本战败后撤离，1948 年洛阳解放。

后　记

有幸得到外文出版社的信赖，为一条伟大道路上的一座伟大城市立传，我幸甚至哉，也如履薄冰。

洛阳是华夏文明认同的印证所在，观乎人文，化成天下，作为文化载体的洛阳具有物化和符号化的不同意义。历史在此留下太多意蕴深长的空间形象、时代片段和特殊的情感记忆，处处隐秘地弥漫着各种文化符号，自成体系，气象万千。只是浮光掠影欣赏眼前的风景，不了解背后的文化支撑，怎能体会那些古往今来的文明意蕴？传记的意义就在于提供一些类似于钥匙的东西，助你层层解开那些或明或暗的文化密码。

社会学的场域理论认为，人的每一个行动均被行动所发生的场域所影响。简单套用这个理论的话，拥有丰富精神文化内涵的丝绸之路和洛阳城本身都已自带特殊的“场域”，一个推动了两千年人类文明史，一个贯穿了四千年华夏文明。二者在漫长历史岁月中不断叠合、形成共振，对中华文明的聚合、传播、催生产生巨大作用。

洛阳和丝绸之路都是涉及文明史的宏大主题，早有河洛文化、洛阳学、丝路文化、敦煌学等各成体系的学问与研究。本书特意避开那些纯学术、难以驾驭的内容，引领读者从当下出发，完成一部既能作城市的独立传记，又折射丝路兴衰、文明碰撞的书稿。所以主要从两个方面着力，一是尽量立足现实，具象化呈现洛阳城市本身独具特色的“点”与发展轨迹的“线”；二是摄录东西方文明在洛阳和丝绸之路上流播、交融、辐射的具象往事和绚烂光影。

本书第二章部分内容来自我的另一本书《华夏之心：中日文化视域中的洛阳》（社会科学文献出版社，2020），如果将准备时间从那时开始计算的话，至今已近十年。然而完稿后才发现，无论怎样努力，最初的目标依然还是目标，距离达成依然遥远。不过与大家分享思考过程，也许能为下次出发积蓄一些力量。本书总体来说是通过文献、历史遗存、文学等与现实进行相互渗透与沟通：空间篇，选取最能代表当今洛阳城市特色的实地景观，结合历史上曾有的文学风景书写，希望绘一幅勾连古今的当代洛阳都市景观立体画卷；时间篇，追忆先秦到现代，从洛阳城的繁华、覆灭与重生的几度轮回看中国历史记忆与文化脉络演变；风格篇，实际上主要说的是城市精神，探寻那些自身命运与这座城市深深交织、带有浓厚个人色彩的灵魂为这座城市添加的独特气质；风物篇，触摸和记录洛阳人的烟火生活，将洛人旧事和世俗百态做当下性的呈现；最后一章，以丝绸之路的诞生、发展、演变中的往事为主线，具体追踪丝路与洛城二者历史轨迹的交织共生和彼此成就。

也许还达不到让人读完以后立刻能够见人、见物、见精神，但掩卷之际，至少会在脑海中重构一座几经叠变、与时俱进的洛阳城，会对丝绸之路做一次到达历史纵深处的时空巡礼。写作的过程于我来说是艰辛之中有幸福，因为小书虽浅显，涉及的内容却千头万绪，追踪下去又会牵引出更多的线索。网上之辞多是以讹传讹，最可靠的史书有时也前后矛盾，没有绝对正确的答案，唯有寻找、对照、结合、分析，才能让曾经可能的事实从历史的尘埃和迷雾中隐约露出轮廓，这个过程如探案般令人乐此不疲。

在完成本书的过程中，受到洛一高老校友宣传部李国强先生，以王恺会长为代表的隋唐史学会的师友，当地文化学者齐运通、孙钦良、薛瑞泽等，以及洛阳日报社、河南科技大学的鼓励和支持。特别是以巴图（常立新）为代表的“图说洛阳摄影群”的朋友们，原本素昧平生、没有任何交集，只因我冒昧说了一句“为了宣传洛阳”，便不计报酬、不厌其烦地提供各种帮助——这便是最令人感动的“城市精神”和“洛阳力量”。比起商业图库，我更喜欢洛阳人自己拍的洛阳。当地的摄影爱好者们以不是那么高端专业的相机，甚至手机随手拍的形式，源源不断地留下各种或精彩唯美、或写实可亲的“洛阳瞬间”，有幸让我从各个角度看遍了这里的山水风月、大街小巷和晨昏四季，重新感受她的魅力。最喜欢无意中把普通人真实生活也收入镜头的随拍图片，因为那才是我们眼睛看到的真正的洛阳，不完美，但从容实在。

接受邀约时，李黎编辑鼓励我说“不用紧张，介绍好这座城市就行”，写着写着才发现，所谓“介绍好”其实是件至难的事。我没有文史大家的博学和深度，能够高屋建瓴、冷静客观地论述，也没有现场导游的热情和氛围，可以全程身临其境地传递第一视角的感受，只好以自己的方式，尝试从正统厚重的历史和生动随意的现在中寻找平衡和妥协。如果这是一场丝路与洛阳的旅行，我隐身于巡礼的人群，与读者一起并肩同行、走走停停，多数时候和普通人一样发出平凡却真诚的感叹，必要时也默默上前指引一下方向——从这个角度会看到这样的风景、这样的洛阳！

黄婕

2022 年 8 月

主要参考文献

西蒙·沙玛. 风景与记忆 [M]. 胡淑陈，冯樨，译. 南京：译林出版社，2013.

渡边义浩. 关羽——神化的《三国志》英雄 [M]. 李晓倩，译. 北京：北京联合出版公司，2017.

钱钟书. 写在人生边上 [M]. 沈阳：辽宁人民出版社，2000.

大室幹雄. 桃源の夢想——古代中国の反劇場都市 [M]. 東京：三省堂，1984.

佐原康夫. 周礼と洛陽 [M]. 館野和己. 古代都市とその形勢. 奈良：奈良女子大学 COE プロジェクト，2007.

葛兆光. 中国思想史（第二卷）洛阳与汴梁－文化重心与政治重心的分离 [M]. 上海：复旦大学出版社，2004.

周振甫. 洛阳伽蓝记译注 [M]. 南京：江苏教育出版社，2006.

田中芳树. 海啸 [M]. 姚远，译. 合肥：黄山书社，2012.

周一良. 魏晋南北朝史札记 [M]. 北京：中华书局，1985.

饶宗颐. 中国史学上之正统论 [M]. 北京：中华书局，2015.

洪本健. 欧阳修诗文集校笺 [M]. 上海：上海古籍出版社，2009.

曾枣庄，刘琳. 全宋文第 69 册 [M]. 上海：上海辞书出版社，2006.

陈寅恪. 金明馆丛稿二编 [M]. 北京：生活·读书·新知三联书店，2001.

唐长孺. 魏晋南北朝史论丛 [M]. 北京：生活·读书·新知三联书店，1995.

李汝和编．台湾省通志卷二［M］．台北：台湾省文献委员会，1970．

贺巍．洛阳方言研究［M］．北京：社会科学文献出版社，1993．

张乃翥，张成渝．洛阳与丝绸之路［M］．北京：国家图书馆出版社，2008．

许理和．佛教征服中国［M］．李四龙，译．南京：江苏人民出版社出版，2003．

释慧皎．高僧传［M］．朱恒夫，王学钧，赵益，注译．西安：陕西人民出版社，2010．

赵朴初．俗语佛源［M］．中国佛教文化研究所编．天津：天津人民出版社，2008．

余嘉锡．余嘉锡论学杂著［M］．北京：中华书局，1977．

季羡林．糖史［M］．南昌：江西教育出版社，2009．

刘培．牡丹梅花之地位升降与宋代政教精神的嬗变［J］．济南大学学报（哲学社会科学版），2021，31（04）：12-26.

刘培．宋初学术思想与皇权专制的互动——辞赋创作视野下的重用文臣与道德重建［J］．南京大学学报，2015，52（01）：125-132.

张瑞清．浅谈汉语中的佛教词汇及其中国化［J］文艺生活．2018（08）：80-81.

王青．魏晋至隋唐时期几个佛教故事的历史化［J］南京师范大学文学院学报，2006（02）：121-126.

霍巍．王玄策与唐代佛教美术中的“佛足迹图”［J］．世界宗教研究，2020（02）：9-17.

杨梅．“义净寺义净大师研究”系列之十：义净与《金光明最胜王经》［J］．中国宗教，2020（08）：36-37.

图书在版编目（CIP）数据

洛阳传：京洛风华意无限 / 黄婕著. -- 北京：外文出版社，2022.10
（丝路百城传）
ISBN 978-7-119-13008-8
Ⅰ. ①洛… Ⅱ. ①黄… Ⅲ. ①文化史一研究一洛阳 Ⅳ. ① K296.13
中国版本图书馆 CIP 数据核字 (2022) 第 013805 号

出版指导：陆彩荣
出版统筹：胡开敏　文　芳
责任编辑：李　黎
装帧设计：冷暖儿　魏　丹
印刷监制：章云天

洛阳传

京洛风华意无限

黄婕 著

出 版 人：胡开敏
出版发行：外文出版社有限责任公司
地　　址：北京市西城区百万庄大街 24 号　　邮政编码：100037
网　　址：http://www.flp.com.cn　　电子邮箱：flp@cipg.org.cn
电　　话：008610-68320579（总编室）　　008610-68996182（编辑部）
　　　　　008610-68995852（发行部）　　008610-68996185（投稿电话）
印　　刷：北京盛通印刷股份有限公司
经　　销：新华书店 / 外文书店
开　　本：710mm×1000mm　1/16
装　　别：精装
字　　数：280 千
印　　张：17.5
版　　次：2022 年 10 月第 1 版第 1 次印刷　　2023 年 9 月第 1 版第 2 次印刷
书　　号：ISBN 978-7-119-13008-8
定　　价：89.00 元